创一流 技工院校 职业院校 "一体化" 精品教材

汽车发动机故障诊断与排除

◎主　编　刘孝恩　陈怀理

◎副主编　倪永斌　黄铠杰　李雪永

电子工业出版社

Publishing House of Electronics Industry

北京·BEIJING

内 容 简 介

本书根据汽车发动机维修的典型工作任务，以项目式教学、任务驱动的方式组织内容，主要介绍发动机不能启动故障诊断与排除、发动机启动困难故障诊断与排除、发动机怠速不稳故障诊断与排除、发动机动力不足故障诊断与排除、发动机尾气排放超标故障诊断与排除、发动机冷却液温度异常故障诊断与排除6个典型故障的形成机理、诊断思路和排除方法。

本书可用于职业院校汽车维修专业发动机维修课程的一体化教学，也可供汽车维修作业人员学习参考。

未经许可，不得以任何方式复制或抄袭本书之部分或全部内容。

版权所有，侵权必究。

图书在版编目（CIP）数据

汽车发动机故障诊断与排除 / 刘孝恩，陈怀理主编 . —北京：电子工业出版社，2020.8

ISBN 978-7-121-35079-5

Ⅰ . ①汽… Ⅱ . ①刘… ②陈… Ⅲ . ①汽车—发动机—故障诊断—职业教育—教材 ②汽车—发动机—故障修复—职业教育—教材 Ⅳ . ①U472.43

中国版本图书馆 CIP 数据核字（2018）第 217280 号

责任编辑：张 凌

印　　刷：涿州市般润文化传播有限公司

装　　订：涿州市般润文化传播有限公司

出版发行：电子工业出版社

　　　　　北京市海淀区万寿路 173 信箱　邮编　100036

开　　本：787×1 092　1/16　印张：14　字数：358.4 千字

版　　次：2020 年 8 月第 1 版

印　　次：2025 年 2 月第 5 次印刷

定　　价：37.00 元

前　言

基于德国"工业4.0"和中国智能制造，按照创建全国一流技师学院的标准，我们组织汽车系实践教学一线5位教师进行探索、研究、总结编写了本书，书中根据"汽车发动机故障诊断与排除"课程日常教学中所暴露出来的相关问题，进行了富有针对性而又具体地分析解答。

一、本书的特色

1. 学习目标明确化

学习的根本是要学会发现问题、解决问题。本课程的学习目标以问题为引导，将课堂还给学生，培养学生主动思考、探索、解决问题的综合职业能力。

2. 教师角色多元化

在明确学习目标的情况下，通过"任务引入"提出完成教学任务密切相关的问题，导入教学内容，教学过程即为工作过程，为教学组织与实施留下许多创造空间。因此，教师需要从一名技术知识的传授者转化为提高学生综合职业能力的促进者、学习任务的策划者、学习行动的组织动员者、学习资源的提供者、制订计划与实施计划的咨询者、学习过程的监督者及学习绩效的评估和改善者，即教师的多元化角色。

3. 课程内容综合化

课程内容综合化体现在：一方面，每个学习任务的内容都具有综合性的特征，既有技能操作，又有知识学习；另一方面，反映典型工作任务的学习任务也具有综合性和代表性的特征，每个学习任务的内容既相互独立，又具有内在的联系。

4. 学习过程行动化

行动化的学习过程让学生亲身经历实践学习和解决问题的全过程；其次，无论学习任务的大小和复杂程度如何，每个学习任务都要学生完成从明确任务、制订计划、实施计划、检查控制到评价反馈这一完整的工作过程。

二、本书的内容框架

本书是广东省机械技师学院"创建全国一流技师学院项目"成果——"一体化"精品系列教材之一。本系列教材以"基于工作过程的一体化"为特色，通过典型工作任务，创设实际工作场景，让学生扮演工作中的不同角色，在教师的引导下完成不同的工作任务，并进行适度的岗位训练，达到培养提高学生综合职业能力的目标，为学生的可持续发展奠定基础。

  本书根据汽车维修一线技师提取的典型工作任务，转化出发动机不能启动故障诊断与排除、发动机启动困难故障诊断与排除、发动机怠速不稳故障诊断与排除、发动机动力不足故障诊断与排除、发动机尾气排放超标故障诊断与排除、发动机冷却液温度异常故障诊断与排除 6 个学习项目。

  本书由刘孝恩和陈怀理担任主编，分别完成项目一、项目二、项目四和项目三、项目五、项目六的统编工作，倪永斌、黄铠杰和李雪永担任副主编，分别参与项目二、项目四和项目五、项目六的编写工作。

编 者

目 录

项目一

发动机不能启动故障诊断与排除

项目概述

在起动机能正常运转的前提下，电控汽油发动机能否顺利着车，取决于电、油两方面的工作是否正常。从发动机电控方面考虑，必须具备有良好的混合气；发动机控制模块（ECM）在正确的时间进行点火，即点火正时要准确，点火能量足够强等。导致发动机启动不着车的原因很多，最常见的原因有：

1. ECM 缺少工作电源，导致 ECM 不工作。
2. 电控发动机点火控制电路故障，系统无高压点火。
3. 曲轴位置传感器故障，无法在正常时间进行点火、喷油。
4. 电控发动机油泵及控制电路故障，导致发动机无燃油供应。
5. 车辆防盗系统故障。
6. 电控发动机混合气稀故障。

本项目主要围绕前 4 个故障原因进行学习。

项目目标

1. 能识读丰田 1ZR-FE 发动机控制模块（ECM）电源系统的电路图，简述其工作过程并规范检修、排除电源系统故障。

2. 能理解发动机点火的一般原理，会识读并检测丰田 1ZR-FE 发动机点火系统控制电路。

3. 能叙述曲轴位置传感器的种类及其工作原理，会检修丰田 1ZR-FE 发动机曲轴位置传感器。

4. 能规范检测发动机失火故障，并规范检修、更换火花塞。

项目任务

任务 1　检修 ECM 电源控制电路
任务 2　检修点火控制电路

任务 1　检修 ECM 电源控制电路

 **任务目标**

1．能看懂丰田发动机控制模块（ECM）电源控制电路。
2．能分析 ECM 电源控制电路的工作原理。
3．能检修 ECM 电源控制电路故障。

 **任务引入**

为了完成任务，请思考：
1．丰田 1ZR-FE 发动机控制模块（ECM）有几路供电电路？各起什么作用？
2．丰田 1ZR-FE 发动机控制模块（ECM）工作电源电压正常是多少？如何判断工作电源是否正常？
3．如果丰田 1ZR-FE 发动机控制模块（ECM）没有工作电源，有什么故障现象？如何检测与维修？

 资料准备

1．汽车维修专用工具及设备。
2．丰田 1ZR-FE 发动机控制维修手册。

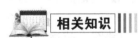 **相关知识**

ECM（Engine Control Module，发动机控制模块），也称发动机 ECU（Electronic Control Unit，电子控制单元）是发动机各电控系统的控制中心。如果 ECM 电源电路出现故障，一般会导致整个发动机电控系统无法工作，且无故障代码输出，发动机专用故障诊断设备无法使用。因此，正确理解 ECM 电源电路工作原理对快速合理诊断发动机故障显得尤为重要。

汽车 ECM 电源可分为输入电源与输出电源。其输入电源（常电电源 BATT、工作电源 +B）主要为 ECM 提供稳定电源，该电源由汽车蓄电池与发电机提供，其有效值为 12～15V；其输出电源通过 ECM 内部电路的转换，将输入电源转变为恒定的 5V 输出电源，该电源主要用于 ECM 的微处理器、传感器（如水温传感器、节气门位置传感器等）、执行器工作电源。汽车 ECM 输入电源控制电路一般由点火开关、汽车电控燃油喷射系统（EFI，Electronic Fuel Injection）主继电器、蓄电池、熔断器等组成。按其控制方式可分为点火开关控制型、

ECM 控制型及带智能钥匙系统控制型等。

一、ECM 输入电源电路

1．点火开关控制型

（1）系统组成

点火开关控制型 ECM 电源电路如图 1-1-1 所示，其基本组成为 EFI 主继电器、蓄电池、熔断器等元件。在这种控制方式中 ECM 电源由点火开关接通 EFI 主继电器电磁线圈控制。

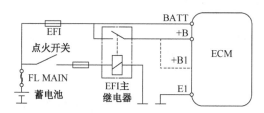

图 1-1-1　点火开关控制型 ECM 电源电路

（2）工作原理

在点火开关控制型 ECM 电源电路中，ECM 共有 3 个电源输入引脚，分别为 BATT、+B、+B1。BATT 为常电引脚，不受点火开关控制，只要线路连接良好及 FL MAIN 熔断丝、EFI 熔断丝正常就可向其供电，此引脚的功能为防止点火开关断开时，ECM 中的故障代码及存储器中的其他数据丢失；+B 与+B1 为工作电源端子，向 ECM 提供正常的工作电源，受控于点火开关。

当点火开关置于 ON 位置时，蓄电池向 EFI 主继电器的电磁线圈供电，电磁线圈接通，EFI 主继电器的触点闭合，来自蓄电池的 12V 电源经过 EFI 熔断丝、EFI 主继电器的触点、ECM 的+B 或+B1 端子引入 ECM，使其进入工作状态。

这种控制方式因其结构简单，所需线路少，故障率低，在早期（1991—1992 年）丰田汽车搭载的 3VZ-E、5VZ-FE 等发动机上应用较多，但其不能实现较为复杂的控制。

2．ECM 控制型

（1）系统组成

ECM 控制型电源电路如图 1-1-2 所示，该图为 2AZ-FE 型 ECM 电源电路。

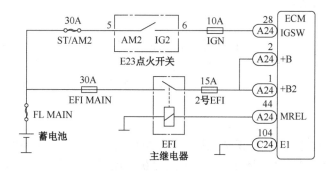

图 1-1-2　ECM 控制型电源电路

这种控制方式在近代汽车中应用较为普遍，其主要组成元件与点火开关控制型类似，主要区别为点火开关的位置不同。$\boxed{A24}$、$\boxed{C24}$均为 ECM 的连接器，其插接端面如图 1-1-3 所示。

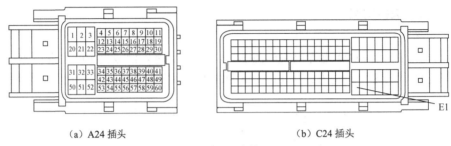

（a）A24 插头 　　　　　　　　　　　　　（b）C24 插头

图 1-1-3　连接器

（2）工作原理

当点火开关断开后，该电路通过 EFI 主继电器向 ECM 的 +B、+B2 端子提供电源；BATT 端子与蓄电池直接连接。

当点火开关接通时，ECM 的 IGSW 端子通过蓄电池→ST/AM2→点火开关→IGN 获取电源。

IGSW 获取电压信号后，ECM 端子供电情况如图 1-1-4 所示。ECM 的 IGSW 获取电压后，通过其内部电路向 MREL 端子供电，接通 EFI 主继电器线圈，线圈电流进入搭铁点，EFI 主触点闭合，+B、+B2 端子通过蓄电池→FL MAIN→EFI 主继电器触点获取电源。此时，ECM 进入正常工作状态。

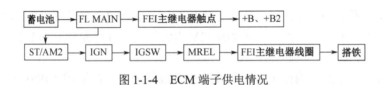

图 1-1-4　ECM 端子供电情况

3. 带智能钥匙系统控制型

智能钥匙系统不用掏出钥匙就可打开门锁及启动发动机，该系统基本工作原理为：当车辆处于锁定状态时，会不断向外发出信号，应用无线射频识别技术，当其智能钥匙出现在信号范围内（一般为 1.5m 以内），就会产生一个反馈信号，从而完成身份识别验证，车主可进入车内启动并驾驶汽车。

（1）系统组成

带智能钥匙系统控制型 ECM 电源电路如图 1-1-5 所示。该电路为 2007 款凯美瑞轿车 ECM 的电源供给方式，该控制方式的主要组成元件与 ECM 控制型电源电路类似，主要区别为：该控制方式电路增加了一个 IG2 继电器、IG2 熔断器及主体 ECU，取消了点火开关 E23。

（2）工作原理

当智能钥匙通过主体 ECU 识别以后，车门可以自动打开，点火系统进入工作状态，通过主体 ECU 认证后，ECM 按图 1-1-6 所示流程获取控制电源信号，主体 ECU E6 接通 IG2 继电器电磁线圈。然后，IGSW 通过 IG2 继电器的触点获取电源信号，当 IGSW 获取电源后，其与图 1-1-2 所示 ECM 控制型电源电路的工作原理完全一致。

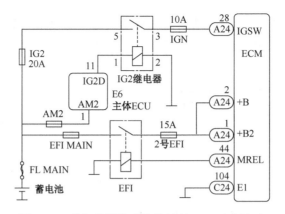

图 1-1-5　带智能钥匙系统控制型 ECM 电源电路

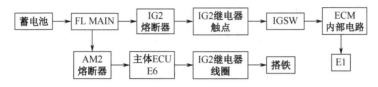

图 1-1-6　带智能钥匙系统 IGSW 端电源信号

二、ECM 输出电源电路

ECM 输出电源电路如图 1-1-7 所示。ECM 从蓄电池获取电压后，经恒压处理持续生成 5V 电源，提供给 ECM 的微处理器，使其进入工作状态。与此同时，ECM 也通过 VC 输出电路向传感器及执行器供电，其主要供电对象为节气门位置传感器、加速踏板位置传感器、发动机冷却液温度传感器、进气温度传感器等。

由图 1-1-7 可知，ECM 内的微处理器和传感器均由 VC 电路供电，因此当 VC 电路短路时，微处理器和传感器被停用。此时，系统不能启动，即使系统出现故障，MIL（Malfunction Indicator Lamp，故障指示灯）也不会亮起。正常情况下，将点火开关首先转到 ON（IG）位置时，MIL 将亮起数秒钟，发动机启动后 MIL 熄灭。

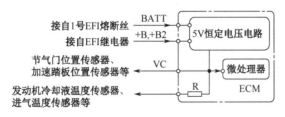

图 1-1-7　ECM 输出电源电路

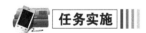　任务实施

一、ECM 电源电路识读

1. 电控 ECM 的记忆电源

即使点火开关置于 OFF 位置时，蓄电池仍为 ECM 供电，这一电源可让 ECM 储存数据，如 DTC（故障代码）记录、定格数据和燃油修正值（图 1-1-8）。如果蓄电池电压降至

最低限值以下，该存储信息就会被清除，ECM 会确定电源电路出现故障。发动机下次启动时，ECM 将使发动机故障报警灯点亮并设定 P0560 系统电压故障代码。

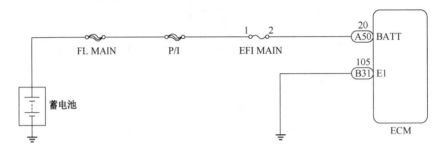

图 1-1-8   1ZR-FE ECM 记忆电源电路

2. 电控 ECM 的工作电源

丰田 1ZR-FE ECM 的工作电源端子为+B、+B2 端子（图 1-1-9），其工作电压要求大于 9.5V，工作过程如下。

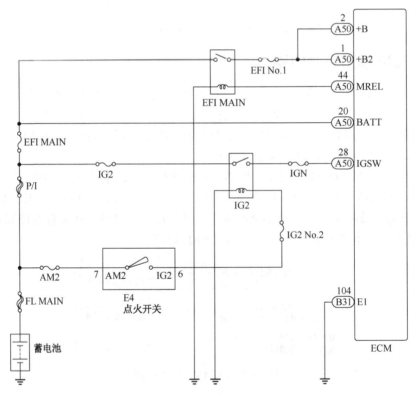

图 1-1-9   1ZR-FE ECM 的工作电源电路

（1）BATT 电路走向：蓄电池正极→FL MAIN 熔断丝→P/I 熔断丝→EFI MIAN 保险丝，进入 ECM A50 连接器的 20（BATT）端子，用于记忆车辆行驶的状况。

（2）IGSW 电路走向：蓄电池正极→FL MAIN 熔断丝→P/I 熔断丝→IG2 保险丝→IG2 继电器→IGN 保险丝，进入 ECM A50 连接器的 28（IGSW）端子，向 ECM 提供电源信号。

（3）MREL 电路走向：ECM A50 连接器的 44（MREL）端子→EFI MIAN 主继电器，

主要用于延时功能控制。

（4）ECM 工作电源的走向：蓄电池正极→FL MAIN 熔断丝→P/I 熔断丝→EFI MIAN 保险丝→EFI MIAN 主继电器→EFI No.1 保险丝，进入 ECM A50 连接器的 1（+B2）、2（+B）端子。

3．ECM 端子代号含义（表 1-1-1）

表 1-1-1　ECM 端子代号含义

序号	连接器编号	端子号	名　称	中　文	作　　用
1	A50	20	BATT	常电源	记忆故障代码及驾驶习惯
2	A50	28	IGSW	点火开关电源	向 ECM 提供 12V 信号电源
3	A50	44	MREL	控制主继电器	延时功能
4	A50	1、2	+B2、+B	工作电源	向 ECM 提供 12V 工作电源
5	B31	104	E1	搭铁	向 ECM 提供搭铁，与蓄电池构成回路

4．ECM 内部电路

ECM 内部电路的控制：工作电源首先经过稳压管进入 ECM，同时向内部变压电路提供工作电源，通常通过降压晶体管把 12V 变成 5V 电压，向传感器提供工作电源（图 1-1-10）。

如果 VC 电路短路时，ECM 中的微处理器和应从 VC 电路获得电源的传感器由于没有从 VC 电路获得电源而不能运行。

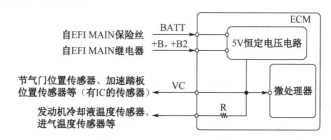

图 1-1-10　ECM 内部电路

二、ECM 电源电路故障分析

ECM 电源电路是否正常判断见表 1-1-2。

表 1-1-2　ECM 电源电路是否正常判断

条　件	响　　应		结 果 判 断
点火开关置于 ON 挡	发动机故障指示灯（MIL）	点亮	BATT、+B 正常
		不亮	不正常
	传感器 VC 电路电压	5V	正常
		0V	不正常
	油泵瞬间工作情况	2～5s	正常
		无	不正常
	踩下加速踏板时电子节气门的动作	有	正常
		无	不正常

1．发动机故障指示灯一直不亮

现象：启动不着车，使用智能检测仪无法与控制单元进行数据通信。

原因：ECM 没有工作电源或工作电源电压低于 9.5V。

检修：检修主继电器控制电路。

2．发动机启动没有着车时，发动机故障指示灯熄灭

现象：启动不着车。

原因：启动发动机时，ECM 得到的工作电源电压低于 9.5V。

检修：检修蓄电池、正负极桩接线、主继电器保险及控制电路是否连接良好。

3．ECM 输出 5V 电压不正常故障

如果 ECM 输出的不是 5 V 参考电压，而是大于 5 V 参考电压，这是什么原因引起的？对发动机有什么影响？

ECM 正常工作时，把 12V 工作电源经过稳压器稳压后输出 5V 稳定电压，稳压电路如图 1-1-11 所示。

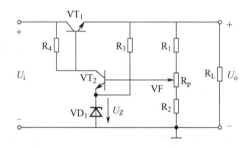

图 1-1-11　稳压电路

这种稳压电路的主回路由调整管与负载相串联构成，且调整管工作在线性状态，故称为线性串联式稳压电路。

（1）取样电路。R_1、R_P、R_2 构成分压电路，对稳压电路输出的直流电压进行分压取样，当稳压电路输出电压增大时，R_P 滑片输出的电压随之增大。

（2）基准稳压电路。基准稳压电路的主要元器件是稳压管，电路中的稳压二极管 VD_1 导通后，在其两端得到一个稳定的直流电压，作为比较放大器 VT_2 的基准电压；VD_1 的工作电压来自稳压电路的输出端，但是它两端的电压不随输出电压的大小波动而波动，这是由稳压二极管的特性决定的。

（3）比较放大器电路。输出电压的变化量由反馈网络取样，并经放大电路放大后去控制调整管的基极电压，从而改变调整管的输出电压。

（4）调整管电路。当输入电压 U_i 增加（或负载电流 I_o 减小）时，导致输出电压 U_o 增加，随之反馈电压 U_F 也增加。U_F 与基准电压 U_{REF} 相比较，其差值电压经比较放大电路放大后使调整管 VT_1 基极电压减小，于是调整管 VT_1 的 C-E 间电压 U_{CE} 增大，使 U_o 下降，从而维持 U_o 基本恒定。

【提示】ECM 输出的电压大于 5V，重点检查 ECM 搭铁是否良好。

三、ECM 电源电路故障排除

（1）检查发动机故障指示灯。根据电路图 1-1-12，如果点火开关置于 ON 挡，发动机

故障指示灯 MIL 点亮，则 ECM 电源电路正常，否则继续进行第 2、3 步检查。

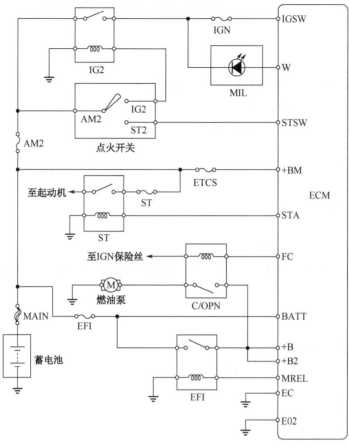

图 1-1-12　ECM 电源电路

（2）检查 ECM 搭铁。EC 与搭铁之间的正常电阻应小于 1Ω。

（3）检查 IGSW 端子。ECM A50 连接器的 IGSW 端子的正常电压应为 11～14 V。

（4）检查 MAIN 保险丝。MAIN 保险丝电压应为 11～14V，MAIN 保险丝电阻应小于 1Ω。

（5）检查 EFI 保险丝。EFI 保险丝电压应为 11～14V，EFI 保险丝电阻应小于 1Ω。

（6）检测 EFI 继电器。EFI 继电器 IE-1、1B-4 号端子之间的电阻应大于 10kΩ。在端子 IB-2、1B-3 上施加蓄电池电压，使用万用表测量 1E-1、1B-4 号端子之间的电阻应小于 1Ω。

（7）检测 EFI 继电器输出电路。ECM A50-1 和 A50-2 号端子与集成继电器线束连接器 1B-4 号端子之间的电阻应小于 1Ω，集成继电器线束连接器 1B-4 号端子与搭铁之间的电阻应大于 100kΩ。

（8）检测 EFI 继电器控制电路。ECM A50-44 号端子与 EFI 继电器线束连接器 IB-2 号端子之间的电阻应小于 1Ω，集成继电器线束连接器 1B-2 号端子与搭铁之间的电阻应大于 100kΩ。

（9）检测 EFI 继电器搭铁。EFI 继电器线束连接器 IB-3 号端子与搭铁之间的电阻应小于 1Ω。

任务 2 检修点火控制电路

 任务目标

1. 能叙述无分电器计算机控制点火系统的原理。
2. 能分析无分电器计算机控制点火系统的电路。
3. 会检修丰田 1ZR-FE 发动机单缸独立点火控制电路故障。

 任务引入

为了完成任务，请思考：

1. 汽油发动机对点火系统有何要求？
2. 点火系统有哪些类型？
3. 丰田 1ZR-FE 发动机如果无高压火，可能原因有哪些？如何检测维修？

 资料准备

1. 汽车维修专用工具及设备。
2. 丰田 1ZR-FE 发动机控制维修手册。

 相关知识

一、基本要求

点火系统应在发动机各种工况下都能保证可靠而准确地点火，为此应满足以下基本要求。

1. 高电压

高电压是指能产生足以击穿火花塞两电极间隙（图 1-2-1）的电压。击穿电压的大小受火花塞间隙、气缸内的压力和温度、电极的温度、混合气浓度、压缩比、点火提前角等因素的影响。缸内压力和温度越低、火花塞间隙越大、混合气浓度越稀，则击穿电压越大。

实验证明，发动机正常运转时，火花塞的击穿电压为 7～8kV，发动机冷启动时达 19 kV。为了使发动机在各种不同工况下均能可靠点火，一般要求火花塞击穿电压应为 15～20 kV。

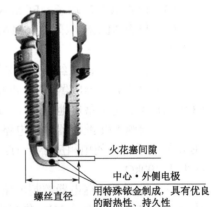

火花塞间隙

中心·外侧电极
用特殊铱金制成，具有优良的耐热性、持久性

螺丝直径

图 1-2-1 火花塞间隙

2. 高能量

高能量是指为了使混合气可靠点燃，火花塞产生的火花应具备一定的能量。

发动机正常工作时，由于混合气压缩时的温度接近自燃温度，所需的火花能量较小，火花能量为 15～50mJ 就足以点燃混合气。但在启动、怠速及突然加速时需要较高的点火能量。

为保证可靠点火，一般应保证 50～80mJ 的点火能量，启动时应能产生大于 100mJ 的点火能量。

3．正时点火

正时点火是指点火时刻应与发动机的工作状况相适应。

首先，发动机的点火时刻应满足发动机工作循环的要求。

其次，可燃混合气在气缸内从开始点火到完全燃烧需要一定的时间（千分之几秒），所以要使发动机产生最大的功率，就不应在压缩行程终了（上止点）点火，而应适当地提前一个角度，这样当活塞到达上止点时，混合气已经接近充分燃烧，发动机才能发出最大功率。

二、点火控制系统的类型

随着电子技术的不断进步，点火控制系统经历了断电器控制传统点火系统、无触点电子点火系统、无分电器电控点火系统三类。

1．传统点火系统

传统点火系统的结构原理如图 1-2-2 所示。

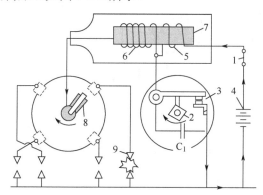

1—点火开关；2—凸轮；3—触点；4—蓄电池；5—初级绕组；

6—次级绕组；7—铁心；8—分火头；9—火花塞；C_1—电容

图 1-2-2　传统点火系统的结构原理

接通点火开关 1，发动机开始运转。发动机运转过程中，断电器凸轮 2 不断旋转，使断电器触点 3 不断地开、闭。当断电器触点闭合时，蓄电池 4 的电流从蓄电池正极出发，经点火开关、点火线圈的初级绕组 5、断电器活动触点臂、触点、分电器壳体搭铁流回蓄电池的负极。当断电器的触点被凸轮顶起时，初级绕组中的电流迅速下降到 0，线圈周围和铁心中的磁场也迅速衰减以至消失，因此在点火线圈的次级绕组中产生感应电压称为次级电压，其中通过的电流称为次级电流，次级电流流过的电路称为次级电路。

触点断开后，初级电流下降的速率越高，铁心中的磁通变化率越大，次级绕组中产生的感应电压越高，越容易击穿火花塞间隙。当点火线圈铁心中的磁通发生变化时，不仅在次级绕组中产生高压电（互感电压），同时也在初级绕组中产生自感电压和电流。在触点分开、初级电流下降的瞬间，自感电流的方向与原初级电流的方向相同，其电压高达 300V，它将击穿触点间隙，在触点间产生强烈的电火花，这不仅使触点迅速氧化、烧蚀，影响断电器的正常工作，同时使初级电流的变化率下降，次级绕组中的感应电压降低，火花塞间隙中的火花变弱，以致难以点燃混合气。为了消除自感电压和电流的不利影响，在断电器触点之间并联电容器 C_1。在触点分开瞬间，自感电流向电容器充电，可以减小触点之间的火花，加速初级电流和磁通的衰减，并提高了次级电压。

2．无触点电子点火系统

无触点电子点火系统的结构如图 1-2-3 所示。

与传统点火系统相比，电子点火最大的特点是用精度和稳定性极高的点火信号发生器取代了故障率很高的触点，并采用电子点火控制器对信号进行降噪和放大。

无触点电子点火系统具有如下优点：

① 使用寿命长。取消了容易烧蚀的触点，减少了触点火花，既延长了使用寿命，又改善了点火性能，初级电流可由 5A 提高到 7～8A，次级电压可达 30kV。

② 可加大火花塞电极间隙，点燃较稀的混合气，从而改善发动机的动力性、经济性和排气净化性能。

③ 结构简单、质量轻、体积小，使用和维修方便。

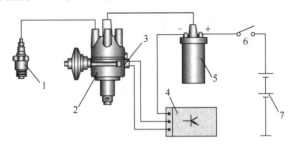

1—火花塞；2—分电器；3—点火信号发生器；4—点火控制器；5—点火线圈；6—点火开关；7—蓄电池

图 1-2-3　无触点电子点火系统的结构

3．无分电器电控点火系统

（1）特点

无分电器电控点火系统取消了分电器，在电控单元 ECU 和点火器的控制下，点火线圈的高压电按照一定的点火顺序，直接加在火花塞上。因取消了分电器，具有如下优点：

① 不存在分火头触点间跳火的能量损失，点火能量更高。

② 避免了机械不确定性的干扰，稳定性高。

③ 各元器件布置更合理，方便检修。

④ 点火时刻不能改变，避免了维修作业中的人为失误情况。

（2）结构分类

无分电器电控点火系统一般由与点火有关的传感器、发动机 ECU、点火器（也称点火模块）、点火线圈、高压线、火花塞等部件构成。图 1-2-4、图 1-2-5 所示分别为**单缸独立点火和双缸同时点火**两种无分电器的点火系统。

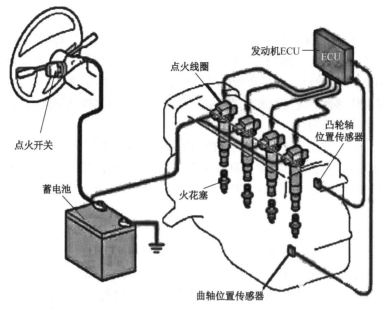

图 1-2-4　单缸独立点火系统

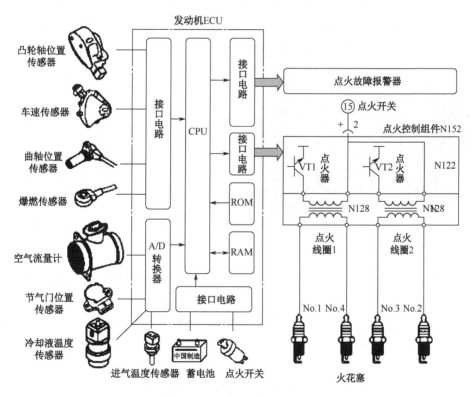

图 1-2-5　双缸同时点火系统

（3）工作原理

曲轴位置传感器向 ECU 提供发动机转速、曲轴转角信号，转速信号用于计算确定点火提前角，转角信号用于计算曲轴转过的角度，以控制点火时刻。空气流量计和节气门位置传感器向发动机 ECU 提供发动机负荷信号，用于计算点火提前角。

冷却液温度传感器、进气温度传感器、车速传感器及爆燃传感器向发动机 ECU 提供信号，用于修正点火提前角。

发动机工作时，发动机 ECU 中的 CPU 通过上述传感器把发动机的工况信息采集到随机存储器 RAM 中，并通过凸轮轴位置传感器检测凸轮轴的位置，判定哪一缸即将到达压缩上止点。当接收到标志信号后，CPU 立即开始对曲轴转角信号进行计数，以便控制点火提前角。

（4）双缸同时点火

双缸同时点火是指点火线圈每产生一次高压电，都使两个气缸的火花塞同时跳火。次级绕组产生的高压电将直接加在四缸发动机的 1、4 缸和 2、3 缸（六缸发动机的 1、6 缸，2、5 缸和 3、4 缸）火花塞电极上跳火。双缸同时点火电路将点火器和点火线圈组合在一起（图 1-2-6），缩短了低压线路。

有的在点火线圈次级回路中连接有一只高压二极管，防止次级绕组在初级电流接通时产生的电压（约为 1000V）加到火花塞电极上而导致误跳火，如图 1-2-7 所示。

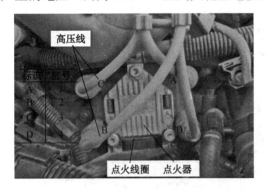

图 1-2-6　点火器与点火线圈组成一体

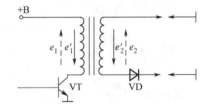

图 1-2-7　高压二极管的作用

（5）单缸独立点火

在无分电器式电控点火系统中，如果每个气缸的火花塞都配用一个点火线圈，则称为独立点火方式（单缸独立点火），电路原理如图 1-2-8 所示。

独立点火一般均采用直接点火的方式，也就是点火线圈不通过高压线，而是直接与火花塞相连接，如图 1-2-9 所示。对于独立点火方式，点火线圈可以做得更小或直接布置在火花塞上。

独立点火方式的基本组成和工作原理与同时点火方式相同，但是它省去了高压线，点火能量损耗进一步减少。由于每缸都有独立的点火线圈，所以即使发动机的转速高达 10000 r/min 以上，初级线圈也有较长的通电时间（大的闭合角），可以提供足够高的点火能量和电压。此外，所有高压部件都可安装在发动机气缸盖上的金属屏蔽罩内，点火系统受无线电的干扰可大幅度降低。与分电器点火系统相比，在相同的转速和相同的点火能量下，单位时间内点火线圈的电流要小得多,因此点火线圈不易发热而体积又可以非常小,一般是将点火线圈压装在火花塞上,这种点火方式控制系统特别适合于4气门和5气门的发动机。

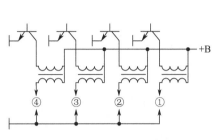

图 1-2-8　独立点火电路简图

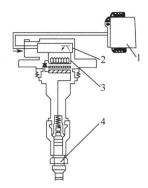

1—ECU;2—点火控制器;3—点火线圈;4—火花塞

图 1-2-9　独立点火机构

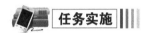任务实施

一、1ZR-FE 发动机点火控制电路识读

丰田 1ZR-FE 发动机采用独立点火系统,每缸配一个点火模块,并集成点火控制器与点火线圈,点火控制器又包含恒流控制电路、闭合角控制电路、点火确认信号电路等,如图 1-2-10 所示。点火线圈与点火模块为一体,每个气缸由自身的点火线圈总成和火花塞点火,各个点火线圈总成高压导线中产生的高压电直接作用到各个火花塞上,火花塞中心电极产生的火花到达搭铁电极。

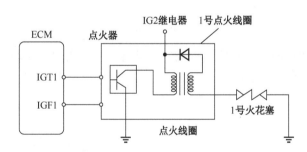

图 1-2-10　1ZR-FE 发动机独立点火电路原理

独立点火的优越性:首先,它消除了分电器高压配电的不足;其次,由于增加了点火线圈个数,对每一个点火线圈来说,初级线圈允许通电的时间(闭合角)可大大增加;最后,对多缸发动机来说,独立点火时,当个别缸因点火系统出现问题时,不会影响到整个发动机的工作。

因此,无分电器独立点火系统的发动机即使在高速运转时,初级线圈也有足够长的通电时间,保证了足够大的点火能量和足够高的次级电压来点燃气缸内的可燃混合气,也就是说,发动机在任何工况下都能保证可靠点火,这也正是现代汽车发动机转速越来越高的原因。

丰田 1ZR-FE 发动机独立点火系统的详细电路如图 1-2-11 所示。

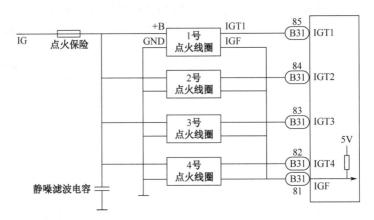

图 1-2-11 丰田 1ZR-FE 发动机独立点火系统电路

1. IGT 点火信号

启动发动机时，ECM 根据曲轴位置传感器、凸轮轴位置传感器等信号，通过 IGT 给点火模块发出点火指令，其信号电压为 0V、5V 变化。当 IGT 为 5V 电压时，点火模块内部三极管导通，点火线圈初级线圈有电流经过，如图 1-2-12 所示。

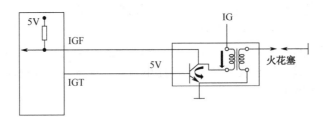

图 1-2-12 IGT 发出点火信号 1

当 IGT 为 0V 电压时，点火模块内部三极管截止，点火线圈初级线圈电流被切断，次级线圈产生高压电，如图 1-2-13 所示。

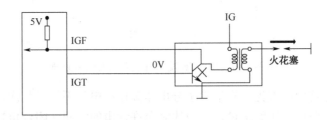

图 1-2-13 IGT 发出点火信号 2

2. IGF 点火成功反馈信号

当 ECM 通过 IGT 发出点火信号以后，如果点火模块工作正常，三极管导通、截止，那么 ECM 通过 IGF 信号线就得到 5V、0V 变化的信号电压，如果 IGF 信号电压不变化，ECM 将停止喷油。

二、1ZR-FE 发动机无高压火故障检修

1. 检查点火线圈总成电源

断开点火线圈总成连接器，如图 1-2-14 所示。打开点火开关，用万用表 20V 电压挡检测点火模块的 1、4 号端子，正常应该有 9～14V 电压。

图 1-2-14　检测点火模块线束插头

2. IGT 点火信号检测

断开点火线圈总成连接器，用试灯连接点火线圈总成连接器 3 号端子，如图 1-2-15 所示，启动发动机，试灯应能闪亮。如果没有闪烁，则为 IGT 信号故障。

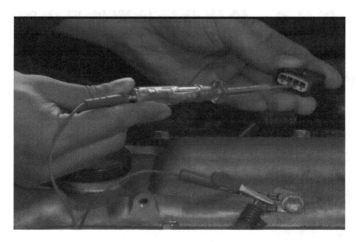

图 1-2-15　IGT 点火信号检测

3. 检查线束与连接器（点火线圈—ECM）

断开点火线圈总成连接器，断开 ECM 连接器，按表 1-2-1、表 1-2-2 所示测量线路，并判断是否断路、短路。

表 1-2-1　标准电阻值（断路检查）

万用表连接	条　件	测量结果	故障判断
B26-3—B31-85（IGT1）	始终	小于 1Ω	正常
		大于 1Ω	断路
B27-3—B31-84（IGT2）	始终	小于 1Ω	正常
		大于 1Ω	断路
B28-3—B31-83（IGT3）	始终	小于 1Ω	正常
		大于 1Ω	断路
B29-3—B31-82（IGT4）	始终	小于 1Ω	正常
		大于 1Ω	断路

表 1-2-2　标准电阻值（短路检查）

检测仪连接	条　件	测量结果	故障判断
B26-3（IGT1）—车身搭铁	始终	10kΩ 或更大	正常
		小于 10kΩ	短路
B27-3（IGT2）—车身搭铁	始终	10kΩ 或更大	正常
		小于 10kΩ	短路
B28-3（IGT3）—车身搭铁	始终	10kΩ 或更大	正常
		小于 10kΩ	短路
B29-3（IGT4）—车身搭铁	始终	10kΩ 或更大	正常
		小于 10kΩ	短路

任务 3　检修曲轴位置信号电路

 任务目标

1．能叙述曲轴位置传感器的安装位置、类型和工作原理。
2．能叙述曲轴位置传感器的结构和检测方法。
3．能根据电路图对曲轴位置信号电路故障进行检修。

 任务引入

为了完成任务，请思考：
1．丰田 1ZR-FE 发动机曲轴位置传感器安装在什么位置？起什么作用？
2．电磁式曲轴位置传感器是如何监测曲轴活塞位置的？
3．如果 ECM 没有接收到曲轴位置传感器信号，可能原因有哪些？如何检测维修？

资料准备 ‖‖

1．汽车维修专用工具及设备。
2．丰田 1ZR-FE 发动机控制维修手册。

 相关知识 ‖‖

一、曲轴位置传感器

在发动机 ECU 控制喷油器喷油和控制火花塞跳火时，首先需要知道究竟是哪一个气缸的活塞即将到达排气冲程上止点和压缩冲程上止点，然后才能根据曲轴转角信号控制喷油提前角与点火提前角。

1．作用

① 检测发动机曲轴转角和活塞上止点，并将检测信号及时送至发动机 ECU，用以控制点火时刻（点火提前角）和喷油正时。
② 测量发动机转速的信号源。

2．地位

曲轴位置传感器是发动机控制系统中最主要的传感器之一，是确认曲轴转角位置和发动机转速不可缺少的信号，发动机 ECU 用此信号控制燃油喷射量、喷油正时、点火时刻、点火线圈充电闭合角、怠速转速和电动汽油泵的运行。它是电喷发动机特别是集中控制系统中最重要的传感器，也是点火系统和燃油喷射系统共用的传感器。

工作原理类似的凸轮轴位置传感器用来检测凸轮轴位置信号，输送给发动机 ECU，以便确定第 1 缸压缩上止点，从而进行顺序喷油控制和点火时刻控制；同时，还用于发动机启动时识别第 1 缸点火时刻，因此也称为判缸传感器。曲轴、凸轮轴位置传感器如图 1-3-1 所示。

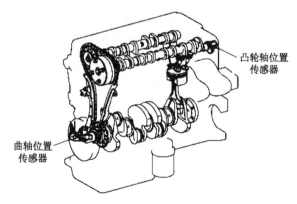

图 1-3-1　曲轴、凸轮轴位置传感器

3．分类

曲轴位置传感器按产生信号的原理不同，可分为：
①磁感应式曲轴位置传感器。

②光电式曲轴位置传感器。

③霍尔式曲轴位置传感器。

二、磁感应式曲轴位置传感器

1．结构

磁感应式曲轴位置传感器的外形如图 1-3-2（a）所示，磁感应式曲轴位置传感器由壳体、永久磁铁、铁心和感应线圈等组成，如图 1-3-2（b）所示。转子触发盘固定在分电器轴或曲轴上，传感器壳体固定在分电器壳体或气缸体上。

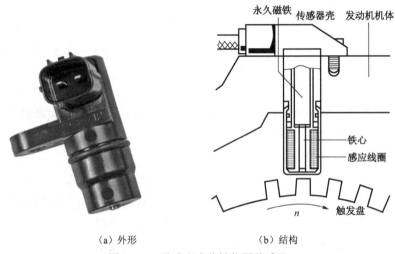

（a）外形　　　　　　（b）结构

图 1-3-2　磁感应式曲轴位置传感器

2．电磁感应原理

实验证明，当导体做切割磁力线运动或通过线圈的磁通量发生变化时，导体或线圈中就会产生电动势，如图 1-3-3 所示。

在曲轴位置传感器的工作过程中，永久磁铁的磁力线经过转子、线圈、拖架构成封闭回路，如图 1-3-4（a）所示。当转子信号盘旋转时，由于转子齿与线圈铁心、拖架间的间隙不断发生变化，通过线圈的磁通也不断变化，线圈两端便产生感应电压，并以交流信号输出。交流信号的频率能反映曲轴的转速和位置。当转速低时，其振幅较小，信号较弱，如图 1-3-4（b）所示。

图 1-3-3　电磁感应原理

3．应用实例

（1）大众 AJR 发动机曲轴位置传感器

安装位置：安装在机体一侧，靠近飞轮处。

结构原理：如图 1-3-5 所示，脉冲信号转盘——安装在曲轴后端，转盘上等分 60 个轮齿，其中空缺两个轮齿，用于识别曲轴位置，作为点火正时的参考信号。ECU 通过缺齿可确定 1、4 缸处于上止点前 72°，但要确定是哪一缸在压缩上止点，还需要凸轮轴位置传感器判缸信号的配合。

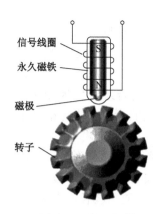
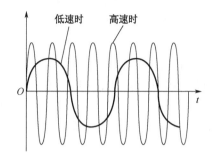

（a）曲轴位置传感器原理图　　　　（b）信号波形

图 1-3-4　磁感应式曲轴位置传感器原理

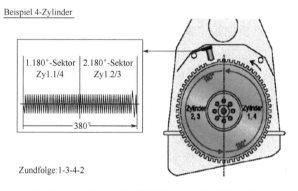

图 1-3-5　大众 AJR 发动机曲轴位置传感器

　　曲轴位置传感器安装在飞轮壳体上，当脉冲信号转盘随发动机旋转时，传感器输出交流电压信号，由于是自发电形式产生的信号，所以无需外加电源，且信号电压随着发动机转速的变化而变化。

　　（2）日产磁感应式曲轴位置传感器

　　安装位置：安装在曲轴前端的皮带轮后面。

　　结构原理：① 信号盘——在带轮后设置一个带有细齿的薄圆盘，用以产生信号，常称为信号盘。信号盘和曲轴皮带轮一起装在曲轴上，随曲轴一起旋转。在信号盘的外缘，沿着圆周每隔 4°有 1 个齿。共有 90 个齿，并且每隔 120°布置 1 个凸缘，共 3 个，如图 1-3-6 所示。

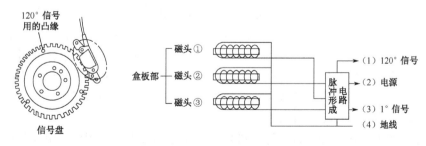

图 1-3-6　日产发动机曲轴位置传感器

　　② 信号发生器——安装在信号盘边沿的传感器盒是用来产生电信号的信号发生器。信

号发生器内有 3 个在永久磁铁上绕有感应线圈的磁头，其中磁头②产生 120° 信号（即 G 信号）；磁头①和磁头③共同产生曲轴 1° 信号（即 Ne 信号）。120° 信号（即 G 信号）——判别何缸何时处于活塞上止点位置，以确定喷油正时和点火正时。1° 信号（即 Ne 信号）——感知曲轴转角和发动机转速，以确定每次循环符合最佳空燃比的喷油量。磁头②对着信号盘的 120° 凸缘，磁头①和磁头③对着信号盘的齿圈，彼此相隔了 3° 曲轴转角安装。

③ 工作原理——发动机转动时，信号盘的齿和凸缘切割磁头，使其感应线圈内磁场变化，从而在感应线圈里产生交变的电动势，再将其滤波整形后，变成脉冲信号。发动机旋转一圈，在磁头②上产生 3 个 120° 脉冲信号，磁头①和磁头③各产生相位差 4° 的 90 个脉冲信号（交替产生）。由于磁头①和磁头③相隔 3° 曲轴转角安装，而它们又都是每隔 4° 产生一个脉冲信号，所以磁头①和磁头③所产生的脉冲信号相位差正好为 90°。

（3）丰田皇冠 2JZ-GE 发动机曲轴位置传感器

丰田皇冠 2JZ-GE 发动机曲轴位置传感器电路如图 1-3-7 所示。

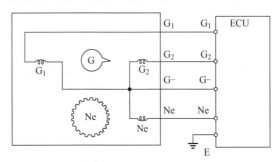

图 1-3-7　2JZ-GE 发动机曲轴位置传感器电路

安装位置：安装在凸轮轴上的分电器内。

G 信号：判缸信号。G_1 为六缸压缩上止点，G_2 为一缸压缩上止点。

Ne 信号：转速信号。

信号失效：G_1 和 G_2 信号缺失一个，发动机仍能启动，Ne 信号一旦缺失，发动机立即熄火，且不能启动。

三、霍尔式曲轴位置传感器

1. 工作原理

将六面体霍尔元件放在磁场中，在前后两个面上接上电源，在上下两个面上有磁场 B 通过，那么在左右两个面上就会产生霍尔电压，如图 1-3-8（a）所示。霍尔式曲轴位置传感器的安装位置如图 1-3-8（b）所示。当叶片转到霍尔元件与永久磁铁之间时，霍尔元件上没有磁场作用，不能产生霍尔电压，不输出信号，如图 1-3-8（c）所示。当触发叶片离开空气间隙，霍尔元件受到磁场作用，在磁场和电流同时存在的情况下，霍尔元件就产生了霍尔电压，如图 1-3-8（d）所示。

霍尔元件常采用锗、硅、砷化镓、砷化铟及锑化铟等半导体制作。用锑化铟半导体制成的霍尔元件灵敏度最高，但受温度的影响较大。用锗半导体制成的霍尔元件，虽然灵敏度较低，但它的温度特性及线性度较好。目前使用锑化铟霍尔元件的场合较多。

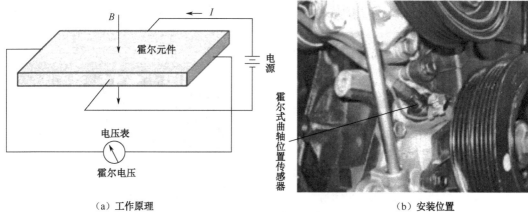

（a）工作原理　　　　　　　　　　　　　（b）安装位置

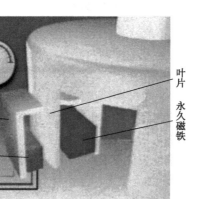 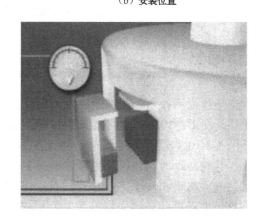

（c）叶片遮挡磁感应线，无霍尔电压　　　　　（d）叶片没遮挡磁感应线，产生霍尔电压

图 1-3-8　霍尔式曲轴位置传感器的工作原理

　　由于霍尔元件产生的霍尔电压非常微弱，只有几微伏，所以要经过放大和整形才能被利用。如图 1-3-9 所示，当有霍尔电压产生时，晶体管 VT 导通，传感器产生低电压；当没有霍尔电压产生时，晶体管 VT 截止，传感器产生的是高电压。霍尔元件产生的霍尔电压 U_H 信号经过放大、整形，最后以整齐的矩形脉冲（方波）信号 U_G 输出。

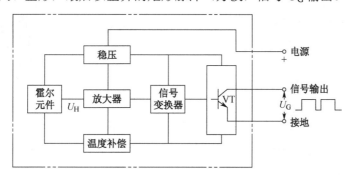

图 1-3-9　霍尔整形电路框图

2．应用实例

（1）轮齿触发式霍尔式曲轴位置传感器

车型：北京切诺基。

安装位置：具有触发轮齿的信号盘安装在变速器输入端；霍尔式曲轴位置传感器安装在变速器延伸壳体上。

结构：由具有触发轮齿的信号盘和霍尔传感器组成，如图 1-3-10 所示。

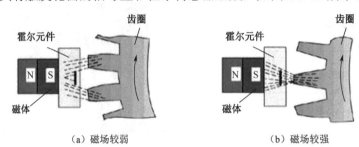

（a）磁场较弱　　　　　　　　（b）磁场较强

图 1-3-10　轮齿触发式霍尔式曲轴位置传感器

霍尔传感器内部有永久磁铁、霍尔元件和电子电路等。

信号盘有两组相隔 180° 的轮子齿组。每组有 4 个齿槽，一组中相邻齿槽间隔角度为 20°。

工作原理：永久磁铁的磁力线穿过霍尔元件通向齿轮，齿轮相当于一个集磁器。当齿轮位于图 1-3-10（a）所示位置时，穿过霍尔元件的磁力线分散，磁场相对较弱。当齿轮位于图 1-3-10（b）所示位置时，穿过霍尔元件的磁力线集中，磁场相对较强。

齿轮转动时，使得穿过霍尔元件的磁力线密度发生变化，因此引起霍尔电压的变化，霍尔元件将输出一个"mV"级的正弦波电压。该交流信号需经电子电路转换成标准的脉冲电压。

工作过程：轮槽通过传感器时，传感器输出高电位（5V）。轮齿中心线与传感器感应头中心成一条直线时（即正对），传感器输出低电位（0.3V）。一个轮槽和一个轮齿通过传感器，传感器便产生一个高—低电位脉冲信号。信号盘上的一组齿轮组通过传感器时，传感器将产生一组脉冲信号，每组由 4 个脉冲信号构成。

（2）霍尔式同步信号传感器（图 1-3-11）

作用：产生与曲轴位置传感器信号对应的同步信号，ECU 根据此信号，判断基准气缸正在进行的工作过程和活塞所处的位置。

特点：结合曲轴位置传感器输出信号，就能保证发动机喷油和点火的正时及顺序。

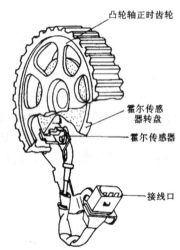

图 1-3-11　霍尔式同步信号传感器

安装位置：有分电器的电控点火系统安装在分电器内；无分电器的电控点火系统安装在凸轮轴上，信号转盘位于气缸盖前端凸轮轴链轮之后。

四、光电式曲轴位置传感器

1. 工作原理

光电式曲轴位置传感器与霍尔式一样，都需要外加电源。光电式曲轴位置传感器由信号发生器和信号盘组成。信号发生器安装在分电器壳体上，由两只发光二极管、两只光敏二极管和电子电路组成，两只发光二极管分别正对着两只光敏二极管，如图 1-3-12 所示。当信号盘随凸轮轴（或分电器轴）转动时，因信号盘上有光孔，产生透光和遮光的交替变化，使两只光敏晶体管交替产生与消除电动势，从而产生脉动电压信号。

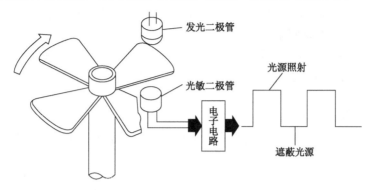

图 1-3-12 光电式信号发生器工作原理

如图 1-3-13（b）所示，信号盘在发光二极管和光敏二极管之间，随分电器轴一起转动，它的外围均布有 360 条缝隙，产生 1°信号。对于六缸发动机，在信号盘外围稍靠内的圆上，间隔 60°均匀分布着 6 个孔，产生 120°曲轴转角信号，其中有一个较宽的孔，用于产生第 1 缸上止点对应的 120°信号。

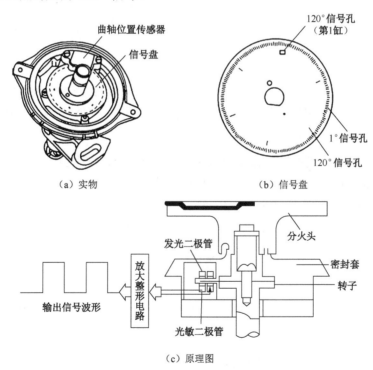

图 1-3-13 光电式曲轴位置传感器的结构原理

2. 应用实例

（1）现代（SONATA）汽车光电式曲轴位置传感器

结构：该传感器的信号盘外圈有 4 个孔，如图 1-3-14 中 1 所示，用来测定曲轴转角，并将其转变成电压脉冲信号，ECU 根据该信号计算发动机的转速，控制发动机的燃油喷射和点火正时。在信号盘内靠里面还有一个孔，它用来测量第 1 缸压缩行程上止点。

但有些 SONATA 汽车上设有两个孔，用来测量第 1 缸、第 4 缸的压缩行程上止点，目的是为了提高精度。第 1 缸或第 4 缸上止点位置测定后，被转变成电脉冲信号输入 ECU，ECU 根据此信号计算燃油喷射顺序。

工作原理：如图 1-3-15 所示。

① 当发光二极管照射到信号盘光孔中的某一孔时，光线便照射到光敏二极管上，使电路导通。

② 当发光二极管被遮挡时，光敏二极管截止。

③ 信号发生器输出的电压脉冲信号输入电子电路经放大整形后，即向 ECU 输入曲轴转角信号。

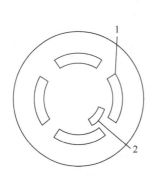

1—曲轴转角测量孔；

2—第 1 缸上止点测量孔

图 1-3-14　SONATA 信号盘

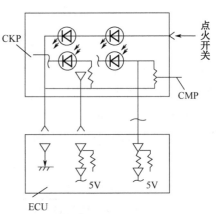

CKP—曲轴位置传感器；CMP—凸轮轴位置传感器

图 1-3-15　SONATA 曲轴位置传感器电路

（2）日产千里马轿车曲轴位置传感器

该车型光电式发动机曲轴位置传感器安装在分电器内，产生曲轴 2° 转角信号，用于计算发动机转速，120° 曲轴转角信号作为控制的基准。

传感器与 ECU 的接线如图 1-3-16 所示。

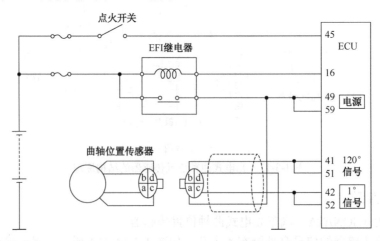

图 1-3-16　日产千里马轿车光电式曲轴位置传感器电路

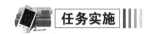

一、熟悉丰田1ZR-FE发动机曲轴位置传感器的安装位置

曲轴位置传感器一般安装在曲轴前端（曲轴皮带轮处）、曲轴后端靠近大飞轮处、曲轴中间或分电器内。

丰田 1ZR-FE 发动机曲轴位置传感器属于磁感应式，安装在曲轴前端的皮带轮后面，如图 1-3-17 和图 1-3-18 所示。

图 1-3-17　曲轴位置传感器安装位置 1

图 1-3-18　曲轴位置传感器安装位置 2

二、丰田1ZR-FE发动机曲轴位置传感器故障检修

丰田 1ZR-FE 发动机曲轴位置传感器信号称为 Ne 信号，其电路连接如图 1-3-19 所示。曲轴位置传感器常见故障有传感器自身故障、传感器线路断路或短路故障、传感器信号受到电磁干扰导致信号失真故障、传感器安装不规范引起的故障等。

1. 曲轴位置传感器电阻检测

拔下传感器导线插头，选择万用表 20kΩ 挡，使用两个表笔测量传感器两个端子之间的电阻，车型不同阻值也不同，一般为 800～1200Ω，如图 1-3-20 所示。

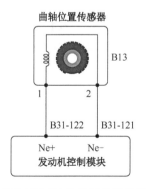

图 1-3-19　丰田 1ZR-FE 发动机曲轴位置传感器电路　　图 1-3-20　磁感应式曲轴位置传感器电阻检测

2．曲轴位置传感器信号电压检测

拔下传感器导线插头，选择万用表 20V 交流电压挡，使用两个表笔测量传感器两个端子，启动发动机，应该有交流电压产生。发动机转速越快，电压越大。如果没有电压产生，检测传感器至信号触发轮的间隙是否正常，正常间隙为 0.2～0.4mm。

3．检查线束和连接器（ECM 至曲轴位置传感器）导通性，见表 1-3-1 和表 1-3-2。

表 1-3-1 标准电阻值（断路检查）

检测仪连接	条　件	规定状态
B13-1—B31-122（Ne+）	始终	小于 1Ω
B13-2—B31-121（Ne-）	始终	小于 1Ω

表 1-3-2 标准电阻值（短路检查）

检测仪连接	条　件	规定状态
B13-1 或 B31-122（Ne+）—车身搭铁	始终	10kΩ 或更大
B13-2 或 B31-121（Ne-）—车身搭铁	始终	10kΩ 或更大

4．曲轴位置传感器安装位置检查

磁感应式曲轴位置传感器的安装很关键，如图 1-3-21 所示。如果间隙过大，导致传感器不能正常工作。

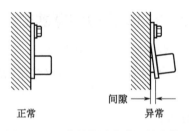

图 1-3-21 曲轴位置传感器的安装

> **注意**
>
> 磁感应式曲轴位置传感器产生的是交流电压信号，容易受到外界电磁干扰。为了避免电磁干扰，有的车型磁感应式曲轴位置传感器在信号线外面缠绕有屏蔽线，所以是 3 条线，如大众车型，如图 1-3-22 所示。

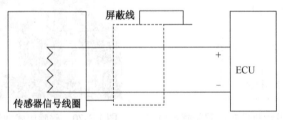

图 1-3-22 磁感应式曲轴位置传感器电路

任务 4 检修发动机失火故障

 任务目标

1. 能叙述发动机失火的原因和监测原理。
2. 能够检测发动机气缸的压缩压力、判断气缸的密封性能。
3. 能够就车诊断排除发动机单缸不点火的故障。

 任务引入

一辆 2010 年款丰田卡罗拉轿车，装备 1ZR-FE 发动机，用户反映早上启动发动机时非常困难，好不容易启动发动机后怠速抖动。

 资料准备

1. 汽车维修专用工具及设备。
2. 丰田 1ZR-FE 发动机控制维修手册。

 相关知识

一、发动机失火概述

1. 何为发动机失火

失火一词来源于英文"Miss fire"，也有的翻译成"缺火"，而更为熟知的叫法可能是"缺缸"。需要注意的是，失火不单单指火花塞没有点火，实际上它是指发动机的某个气缸没有做功或做功不足，造成发动机怠速不稳的故障现象。

2. 失火有哪些危害

在检修发动机故障时，特别是检修发动机怠速抖动或废气排放超标的故障时，维修人员经常会遇到故障诊断仪提示发动机缺火，对此应该有正确的认识。发动机失火后，高浓度的碳氢化合物会进入排气系统，造成尾气排放超标。高浓度的碳氢化合物还会使三元催化转换器的温度升高，严重时会使三元催化转换器（TWC）损坏，如图 1-4-1 所示。

Normal   Damaged by Miss fire

图 1-4-1 正常与被失火破坏的 TWC 对比

为了防止尾气排放超标和三元催化转换器热损坏，发动机控制单元使用曲轴位置传感器监测发动机转动时速率的偏差或使用曲轴位置传感器的信号电压变化来确定失火，同时ECM用凸轮轴位置传感器识别失火的气缸，当发动机失火率超过了极限值并有可能导致排放超标时，发动机控制单元开始统计发动机失火次数。

3. 发动机失火分为哪几类

发动机失火可简单分为两种情况，一种是完全失火，也就是没有燃烧，另一种是部分失火，也就是燃烧不稳定。OBDⅡ定义了A、B、C三种发动机失火水平。

① A型失火是最严重的失火，容易损坏三元催化转换器。如果检测到此类情况，发动机故障指示灯会闪烁，提醒驾驶者立即修理，并按第一次行程逻辑存储故障代码和数据帧。发动机诊断系统通过统计发动机曲轴200转中的失火次数来鉴别A型失火。

② B型失火出现时，废气中有害物质的排放量会增加1.5倍以上。

③ C型失火是程度最轻的失火，会导致汽车废气排放不达标。

发动机诊断系统通过统计发动机曲轴1000转中的失火次数来鉴别B、C型失火，如图1-4-2所示，B、C型失火在两次行程中连续发生，发动机控制单元会存储故障代码并点亮发动机故障灯。空燃比正确、点火充足及机械状况良好的发动机就不会发生失火，如果有任何一方面出现问题，燃烧就会过早结束，从而产生失火。

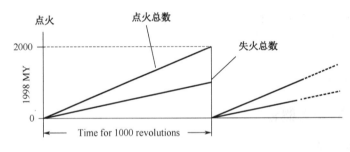

图1-4-2 失火总数算法示意图

二、发动机失火的监测原理

失火（Miss fire）监测按照相关规定，作为失火的监测要件，在OBD系统中，监控给TWC（三元催化转换器）造成损坏的失火及引发排气恶化的失火。

失火监测的第一个目的是探测失火是否严重到可能损坏三元催化转换器；第二个目的是监视失火可能会导致温度上升到足以损害排气门的温度极限。失火监测器是连续监视器。ECM通过曲轴位置传感器来测量曲轴加速度。发动机曲轴在每一个气缸做功冲程时会暂时加速，当气缸失火，发动机曲轴的转速在此时会以下降来代替上升。ECM探测曲轴位置传感器（Ne）信号的变化频率，ECM通过凸轮轴位置传感器（G）信号能够鉴别出哪个气缸在做功冲程。在严重起伏不平的路面状态时可能短暂地延迟失火监视器工作。以下将介绍两种判定故障的方法。

（1）监测造成TWC损坏的失火

A判定，以失火率在5%～15%为标准，监测会成为导致TWC热老化的温度上升的起因的失火，如图1-4-3所示。

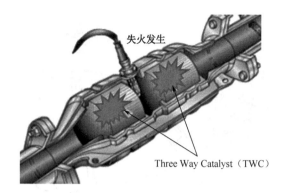

失火发生

Three Way Catalyst（TWC）

图 1-4-3　A 判定失火示意图

具体方法：根据发动机转动每 200 转时的整体失火率判定失火。如果失火将会导致催化转换器温度超过 1000℃（1832℉）或更高，故障指示灯会闪烁。

催化转换器温度是由 ECM 根据驾驶状态和失火率计算出来的。发动机失火率和发动机负荷越高，ECM 使故障指示灯闪烁的机会就越大。

故障指示灯闪烁将会警告驾驶者注意催化转换器温度，并且这是唯一会造成故障指示灯闪烁的状态。这个闪烁仅仅在失火严重到足以使催化转换器损坏时维持。

（2）监测会成为导致排放气体超过 OBD 规格值的恶劣状态的失火

B 判定，以 1% 为标准，监测会成为导致排放气体超过 OBD 规格值的恶劣状态的失火，如图 1-4-4 所示。

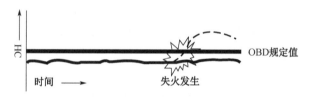

HC

时间

OBD规定值

失火发生

图 1-4-4　B 判定失火示意图

具体方法：根据发动机转动每 1000 转时的整体失火率判定失火。B 型失火危害较小，它将造成排放超标，但不会损害三元催化转换器。这种失火的探测由失火百分数同 ECM 排放标准相比较来确定。如果失火率造成的排放增加超过特定水平，一个故障代码将在第二个循环被设定。B 型失火是一个双循环监视器。故障指示灯将不会为这个故障代码闪烁。

三、发动机失火原因分析

1. 气缸压力低故障

气缸压缩压力是指四冲程发动机压缩终了时气缸内的压力。

在用汽车发动机各缸压力不少于原设计标准的 85%，每缸压力与各缸平均压力差：汽油机不大于 8%，柴油机不大于 10%。

影响气缸压力的因素有：气缸磨损、活塞环损坏、活塞磨损、气门及气门座损坏、气门导管磨损、气缸垫损坏、气门间隙过小等。

发动机气缸压力低故障通常利用缸压表进行气缸压力检测，如图 1-4-5 所示。气缸压力表（缸压表）是一种气体压力表，由表头、导管、单向阀和接头等组成。

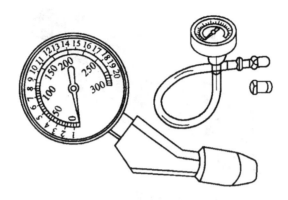

图 1-4-5　发动机气缸压力检测

　　气缸压力与机油黏度、气缸活塞组配合情况、配气机构调整的正确性和气缸垫的密封性等因素有关。所以，测量发动机气缸的压力，可以诊断气缸、活塞组的密封情况，活塞环、气门、气缸垫密封性是否良好和气门间隙是否适当等。

　　气门弹簧的硬度变化与凸轮轴的磨损程度在测量缸压的时候很难检测出来，也要考虑到进气量是否足够（漏气或气门积碳）。

2．某一缸不点火故障

　　在气缸压缩压力及混合气符合要求的前提下，汽油发动机还需要火花塞足够强度火花的点燃，才能正常工作，所以某一缸不点火是发动机失火的重要原因之一。

　　如果某一缸的火花塞或高压电路异常，将导致该缸无法正常点火。而火花塞是电控点火系统的重要元件，工作环境极其恶劣是极易损坏的元件，所以检查、更换火花塞是维修某缸不点火故障的常见工作。

3．喷油故障

　　一是通过数据流查看喷油脉宽、点火时间及氧传感器的工作状况，二是用示波器检查节气门位置传感器（TPS）与喷油器的同步，检查 TPS 与氧传感器的同步，再就是检查喷油器与氧传感器的同步（怠速时在进气口喷入清洗剂，检查喷油器和氧传感器的变化），最后检查喷油器的单独波形，分析喷油器的好坏与喷油时间的长短（与标准波形进行对比），最后要考虑使用的汽油标号、爆燃传感器及三元催化转换器等。

任务实施

一、发动机失火故障诊断

1．曲轴位置传感器信号波形分析

　　通常发动机转动不是匀速的，每缸在做功时都有一个加速，不做功就没有加速。正常情况下，发动机每缸压缩、做功，先是减速后是加速，属于正常现象（图 1-4-6（a））。

　　当发动机某一缸因某种原因失火时，除了发动机压缩期间转速瞬时有所减缓外，由于发动机失火，缺乏做功时的加速，其转速将会继续下降，直到下一缸做功为止，从而使转速出现一次较大的波动。随后若不再出现失火情况，则曲轴转速变化情况会逐渐变回正常（图 1-4-6（b））；若该缸失火原因继续存在，则该缸会连续失火，从而造成曲轴转速的变化规律呈周期性波动如图 1-4-6（c）所示。

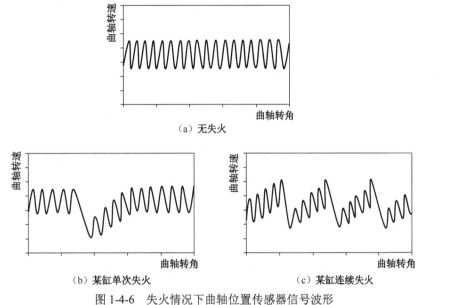

（a）无失火

（b）某缸单次失火　　　　　　　　　　（c）某缸连续失火

图 1-4-6　失火情况下曲轴位置传感器信号波形

因此，OBD 系统就可以通过安装在曲轴上的曲轴位置传感器来监测发动机转速变化的情况，如果出现较大波动，则说明发生了失火现象；大幅波动的次数则反映了失火的次数；进而通过凸轮轴位置传感器可进一步判断是哪一个气缸出现了失火。

根据失火率（发动机在一定转速和负荷范围内失火次数占总点火次数的百分比）的不同，OBD 系统将检测到的失火故障分为 A 型和 B 型两类。A 型失火是指会成为导致三元催化转换器热老化的起因的失火，会造成三元催化转换器的损坏，以失火率 5%～15% 为判断标准；B 型失火是指会成为排放超过 OBD 限值的原因的失火，以失火率 1% 为判断标准。

与那些一个工作循环只作用一次或几次的监控比起来，缺火监测是一种不间断监测，它可以连续不断地对曲轴位置传感器信号的波动进行监控。当检测到 A 型或 B 型失火故障时，OBD 系统会点亮发动机排放故障指示灯并设置相应故障代码。

2. 发动机失火故障诊断方法与技巧

（1）借助失火形态缩小诊断范围。

发动机的失火形态主要分为某一缸连续/不连续失火和多缸连续/不连续失火两种，两种不同的失火形态形成的部件和原因有着较为清晰的区分。因此，在进行发动机失火故障诊断时，应根据失火形态来缩小诊断范围。

如果通过故障检测仪调取的是一个具体气缸的失火故障代码，就应该将那些对所有气缸都有影响的失火条件都归入"不太可能"的一类原因，从而将精力集中到那些只影响到个别气缸工作的因素上，重点检查这些因素所涉及的部件和原因，如失火缸的火花塞、点火线圈（独立点火系统）、喷油器及其线路、气缸密封性等。

反过来，如果故障表现为多缸失火，就应将注意力转移到那些能影响所有或者多个气缸的因素上。比如燃油的压力和流量是否正常，电源电压是否正常，进气管路是否有漏气现象（特别是 EGR 系统、EVAP 系统、真空助力制动系统等与进气管相连通的管路）等。

发动机不能启动故障诊断与排除

（2）先易后繁，注意辅助信息。

失火形成的原因多，涉及的系统广，在故障诊断的时候需要先易后繁合理确定诊断流程。比如对于多缸失火，首先要了解车辆使用维护信息，以确定喷油器是否长期未清洗，火花塞是否长期未更换，加注的燃油质量是否可靠等，然后需要测量燃油压力，确定点火能量等，最后再检查分析其他系统。对于个别缸失火，可遵循先火、后油、再机械的顺序逐项进行检查。

另外，在故障诊断的时候，一定要注意其他信息的获取和分析，如同时出现的其他故障代码、设置故障代码的冻结帧、诊断过程读取的数据流等。

现代发动机管理系统的自诊断功能相当强大，可能导致失火的 EGR 系统、二次空气喷射系统、EVAP 系统等出现问题时都可能会产生相应的故障代码。

不同原因导致失火的现象也是有所不同的，比如进气管路漏气造成的失火就会在怠速时严重而高速时好转，而燃油压力过低、喷油器堵塞造成的失火正好相反，在怠速时故障较轻，而高速大负荷时失火就会更加严重，失火故障代码的设置需要一定的失火率支持，所以通过分析冻结帧，详细了解设置故障代码的时机，可以使诊断工作更有指向性。

传感器信息的失准也是造成发动机失火的重要因素之一，但发动机运转过程中的各种相关数据都是有一定关联性和一定特征的，这些信息大多都可在数据流中反映出来。比如空气流量信息与节气门开度、发动机转速有一定对应关系，与进气压力传感器信息也有一定关联；冷却液温度传感器信息可以和实际感知温度进行比对等。

（3）巧用换件法快速诊断。

很多维修站喜欢用换件的方法来检查失火故障，有些厂家的技术通报也推荐采用这样的方法。如果发动机控制单元中出现有代表识别某一缸失火的故障代码，如 P0301 表示 1 缸失火，就可以将 2 缸的缸线或点火线圈和 1 缸对换。将 3 缸喷油器和它调换，火花塞可以与 4 缸互相调换。

调换并清除故障代码后试车，直到故障再次发生。如果发动机控制单元中的故障代码发生了变化，成了 2 缸失火，则是缸线或点火线圈的问题，如是 3 缸失火则是喷油器的问题，以此类推。如果故障没有转移，则考虑机械故障或其他元件故障。

二、火花塞检查与更换

1. 火花塞的选用

（1）火花塞的结构。

火花塞大致分为 5 部分，如图 1-4-7 所示，最上面的部分叫作"终端螺丝帽"，它与缸线相连，作用是完成与缸线的对接，在插拔缸线时感觉到有吸入或弹出感，是接收电能的地方。下面的陶瓷部分绝缘、耐热、导热，在陶瓷表面有几道沟状的波纹，它可防止飞弧的产生。飞弧指的是在终端螺丝帽和主体金属之间产生的打火现象，因为在点火时终端螺丝帽和主体金属之间产生连续不断的高压电，高压电会试图沿绝缘体表面溜走，为了拦住高压电，所以设置了层层沟壑。与陶瓷部分紧挨的便是主体金属与螺纹。螺纹是用于与气缸盖相紧固的部分，螺丝直径和螺丝长度也因发动机而分门别类。最末端是火花塞的电极，有中心电极和外侧电极之分，二者可能会采用两种不同的材质，常说的铱金或白金等贵金属材质则多指中心电极的材质（有些火花塞的外侧电极也会采用相同的材质），相比于电极为镍锰合金材质的普通火花塞，它们的点火能力更强，但价格也相差数倍。

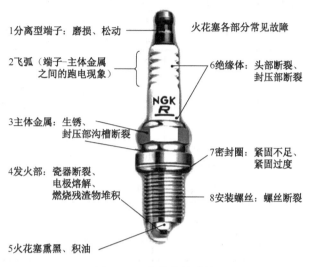

图 1-4-7　火花塞的结构

在火花塞的内部还会被刻意加装 $3\sim5k\Omega$ 的电阻，火花塞内藏的是个陶瓷的电阻体，它可有效地降低点火时出现电波杂音，这些杂音若不进行处理则很容易对车内的收音机或手机设备形成干扰。

（2）火花塞的型号。

炙热的气缸温度会蔓延到所及的各个部位，火花塞的绝缘体和电极是暴露在气缸之中的，混合气燃烧所释放的热量附着在其表面，如果不能将这部分热量进行有效地控制，在活塞压缩进程中，燃油混合气进入气缸，暴露在气缸内的火花塞表面的温度过高，高到可以将燃油混合气点燃，活塞还在上行，但燃油混合气已经被点燃并释放了能量，而被释放的能量并没有用到推动活塞下行的进程上，进而导致加速无力，加速积碳的滋生。

所以，根据不同的发动机调校，相对应的火花塞也有严格的型号规定，在出厂时，火花塞的热值就已经被设定好，如果对其进行更换，有可能会引发一系列故障。火花塞的型号如图 1-4-8 所示，NGK 火花塞型号代码见表 1-4-1，主要火花塞品牌见表 1-4-2。

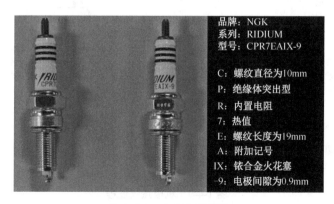

图 1-4-8　火花塞的型号

表 1-4-1　NGK 火花塞型号代码

（1）螺纹公径		（2）火花塞类型		（3）热值		（4）螺纹长度		（5）使用特征	
代号	公径 mm	代号	类型	代号	热值	代号	长度	代号	特征
B	14 六角对边 20.6	P	绝缘体突出型	2	热	L	11.2mm	A	专用
				4	↑			B	本田专用
C	10 六角对边 16	L	短座型	6	|	H	12.7mm	C	赛车专用
				7	|			S	铜芯电极
D	12 六角对边 18	R	带阻尼电阻型	8	|	E	19mm	W	钨电极
				8.5	|			K	双侧电极
		S	屏蔽型	9	↓	无 标注	12mm	？	其他使用
				10	冷				

表 1-4-2　主要火花塞品牌

代号	NGK	DENSO	BOSCH	CHAMPION	EYQUEM	OSW	Autolite	ACDelco
品牌	特殊陶业	电装	博世	冠军	益康	OSW	欧特莱	AC 德科
国别	日本	日本	德国	美国	法国	德国	美国	美国

（3）火花塞的点火性能。

火花塞的点火性能指的是"火花塞给混合气点火、燃烧的性能"。在中心电极和外侧电极之间跳出的高压电率先将这个部位的混合气点燃形成火种（学名"火焰核"），之后火种会向四周蔓延，但在这期间，两个电极会对热能不断地侵蚀（消焰作用），从而热能被削弱，严重的情况下还有可能造成火种熄灭，形成失火现象（此时气缸会处于缺缸的状态）。所以，两个电极的消焰作用应尽可能得到抑制，火种的蔓延直接影响着点火性能，如图 1-4-9 所示。

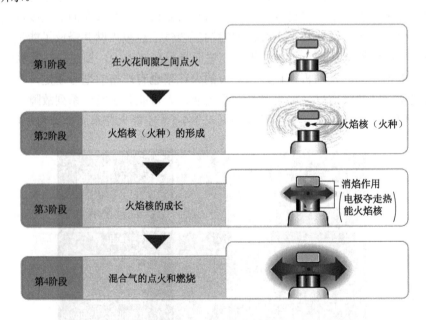

图 1-4-9　电极点火过程

所以，无论是在电极处设置 90 度 V 形切口，还是采用电极直径极小的铱金火花塞，又或者是刻意扩大电极间隙的大间隙火花塞，还有那些将点火位置设计在燃烧室中心附近的突出型火花塞，它们都是为了提高点火性能而特别设计的。

对于高性能车来说，特别是赛车，它们所搭载的发动机拥有高转速、高压缩比等，因此火花塞也会变得更强壮。在全力加速和发动机长期处于高转速状态下，首先，要保证火花塞在这种极端情况的稳定性；其次，火花塞要能打出火花来；最后，还要具备良好的点火性能。这才能让赛车拥有出众的速度优势。为了让火花塞达到非凡的能力，在电极的材质上多以白金、铱合金等贵金属为主。电极的形状也更为考究，电极直径越小，越容易点火，点火性能便可提高，所以为高性能发动机而生的火花塞天生拥有一个纤细的电极。

（4）火花塞的使用寿命。

即使是正确使用，由于火花塞是消耗品，也要定期进行更换。

图 1-4-10 所示为由于长期使用而导致火花塞电极不能有效工作的例子。

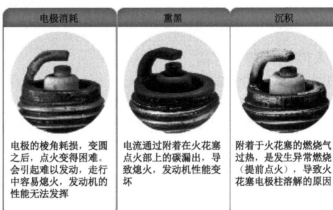

图 1-4-10　电极状况

① 电极消耗之后，不易打出火花。

② 点火部位燃烧碳烟积累，导致产生异常燃烧（提前点火），电极柱溶解等故障。

火花塞正常使用寿命见表 1-4-3。

2．火花塞的检查

（1）积碳。火花塞如有附着碳的话，火花塞电极会被熏黑，绝缘电阻值降低，点火线圈产生的电压也随之降低，如果击穿的电压比火花塞要求的电压（正常火花塞产生火花的击穿电压）低，则不能点火而导致熄火，如图 1-4-11 所示。

表 1-4-3　火花塞正常使用寿命

汽车	15000～20000km
轻型汽车	7000～10000km
摩托车	3000～5000km

火花塞工作不正常的大部分原因是因为熏黑、积油。熏黑就是指在火花塞发火部积碳，使绝缘性降低，最后导致熄火。积油指受到积碳或附着的液体燃料的影响，发火部呈黑色发光的状态，使绝缘性降低，导致熄火。

（2）间隙变大。气缸的工作环境是非常恶劣的，高温、高压，火花塞的每一次跳火还会产生数万伏的高压电，长此以往，被直接电击的两个电极会因高压电的不断摩挲而产生缺口，从而造成两个电极间隙变大，使点火强度变弱。卡罗拉采用铱金火花塞，电极间隙大约是 1.1mm（不同的火花塞，电极间隙可能不同），如图 1-4-12 所示。

（3）通过火花塞电极颜色判断气缸工作情况。电极及绝缘体处呈淡黄色，如图 1-4-10 所示，则代表其所对应的气缸处于上佳状态；如果上面覆盖了一层黑乎乎的东西，则代表发动机混合气过浓，或者存在烧机油的情况；火花塞电极上有红褐色沉积物，证明汽油铅超标，造成发动机加速无力；火花塞电极断裂，一般为所加燃油标号低，发动机爆燃使燃烧温度过高所致。电极断裂，通常造成打坏气门或活塞。

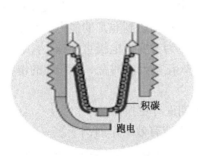

图 1-4-11　积碳跑电　　　　　　　　　图 1-4-12　火花塞间隙

3．火花塞的更换

（1）工具、设备和材料准备。

① 扳手、旋具、兆欧表、塞尺、火花塞清洁器、14mm 火花塞扳手、100mm 加长杆。

② 翼子板布、转向盘护套、变速杆护套、座椅护套和脚垫。

③ SC20HR11 型火花塞。

④ 一汽丰田卡罗拉轿车维修手册。

（2）1ZR-FE 发动机火花塞位置如图 1-4-13 所示，火花塞及相关零部件如图 1-4-14 所示。

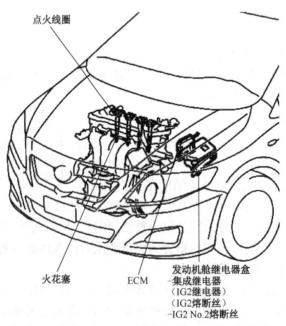

图 1-4-13　火花塞位置

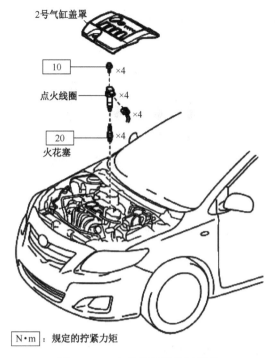

图 1-4-14   火花塞及相关零部件

（3）拆卸 2 号气缸盖罩。

（4）断开点火线圈插接器，如图 1-4-15 所示。

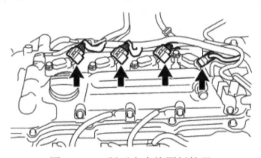

图 1-4-15   断开点火线圈插接器

（5）拧下点火线圈螺栓，拆下点火线圈，不要损坏发动机缸盖罩开口上的火花塞盖或火花塞套管顶部边缘，如图 1-4-16 所示。

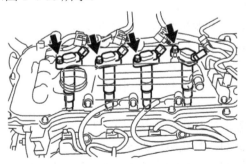

图 1-4-16   拧下点火线圈螺栓

（6）用 14mm 火花塞扳手和 100mm 加长杆拆下火花塞，如图 1-4-17 所示。

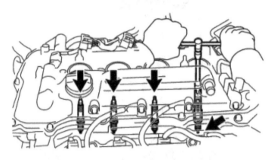

图 1-4-17　用火花塞扳手和加长杆拆下火花塞

（7）按相反的顺序安装火花塞。推荐使用 DENSO 生产的 SC20HR11 型火花塞。

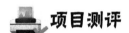 项目测评

一、填空题

1. ECM 控制内部电路时，工作电源除了经过稳压管后进入 ECM，还要向_____提供工作电源，通过降压后将_____电压变成_____，向传感器提供工作电源。

2. 曲轴位置传感器的作用是检测曲轴位置，计算曲轴转过的角度和发动机转速曲轴_____信号。常见的类型有_____、_____、光电式。

3. 丰田卡罗拉轿车采用_____点火系统，_____与点火模块为一体，每个气缸由自身的点火线圈总成和火花塞点火。

4. 启动发动机时，ECM 根据曲轴位置传感器、_____等信号通过_____给点火模块发出点火指令。

二、选择题

1. 下列说法正确的是（　　）。
   A. 凸轮轴位置传感器用来检测 1 缸压缩行程上止点
   B. 凸轮轴位置传感器用来检测 4 缸压缩行程上止点
   C. 没有凸轮轴位置传感器信号，发动机不能点火、不能喷油
   D. 凸轮轴位置传感器用来确定点火次序与喷油次序

2. 下列说法正确的是（　　）。
   A. 霍尔式传感器是无源传感器（不需要工作电源）
   B. 霍尔式传感器产生的信号为脉冲信号
   C. 霍尔式传感器必须是 3 条线
   D. 电磁式和霍尔式传感器都需要利用磁铁的磁性进行工作

3. 下列说法错误的是（　　）。
   A. 霍尔式传感器的工作电源电压为 12 V
   B. 霍尔式传感器的信号线电压为 5 V
   C. 霍尔式传感器的工作电源电压可以是 12 V 或 5 V
   D. 霍尔式传感器的信号线电压可以是 12 V 或 5 V

项目二

发动机启动困难故障诊断与排除

项目概述

通常影响发动机启动的三个要素是：油、气、电；导致发动机启动困难主要原因为：电控系统故障、油路故障、点火系统故障、气缸压力异常等故障。

一、电控系统故障

1. 蓄电池电压是否充足。
2. 转速传感器是否正常工作。
3. 点火模块是否正常工作。
4. 喷油电路是否正常工作。
5. 油泵电路是否正常工作。
6. 起动机电路是否正常工作。

二、油路故障

1. 油管是否堵塞或泄漏。
2. 共轨系统油压是否正常。

三、点火系统故障

1. 喷油器是否堵塞。
2. 火花塞是否正常工作。
3. 油泵是否正常工作。
4. 起动机是否正常工作。

四、气缸压力异常

1. 进、排气门密封是否良好。
2. 气缸体是否完好没裂纹。

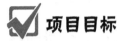 **项目目标**

1. 能规范检测丰田 1ZR – FE 发动机油泵控制电路，并规范检修、更换油泵电动机。
2. 能按照操作规程检测汽油发动机燃油压力，并排除燃油压力不足故障。
3. 能对照汽车维修手册检修喷油器控制电路，并对喷油器进行规范的检测与清洗。

 **项目任务**

任务1　检修燃油泵控制电路
任务2　检测燃油压力
任务3　检修电控发动机喷油器

任务1　检修燃油泵控制电路

 任务目标

1. 能叙述电动燃油泵的电路控制原理。
2. 能够检测、诊断电动燃油泵的电路控制故障。
3. 能够就车诊断排除电动燃油泵的故障。

 任务引入

为了完成任务，请思考：
1. 丰田 1ZR-FE 发动机燃油泵电动机总成由什么部件组成？各起什么作用？
2. 丰田 1ZR-FE 电动燃油泵受什么样的电路控制？
3. 如何更换丰田 1ZR-FE 燃油泵电动机？

 资料准备

1. 汽车维修专用工具及设备。
2. 丰田 1ZR-FE 发动机控制维修手册。

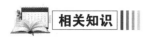

相关知识

一、电动燃油泵概述

1．电动燃油泵的类型

（1）按安装位置不同分类

内置式：安装在油箱中，具有噪声小、不易产生气阻、不易泄漏、管路安装简单等优点。

外置式：串接在油箱外部的输油管路中，易布置、安装自由大，但噪声大，易产生气阻。

（2）按电动燃油泵的结构不同分类

按电动燃油泵的结构不同可分为滚柱式、涡轮式、转子式和侧槽式。

2．工作原理

电动燃油泵由泵体、直流电动机和壳体三部分组成，如图 2-1-1 所示。它的基本工作原理是直流电动机通电后带动泵壳体内的转子进行高速旋转，转子轴下端的切面与叶轮的内孔切面相结合，使得当转子旋转的时候通过转子轴带动叶轮一起同向旋转，叶轮高速旋转过程中，在进油口部分造成真空低压，进而将经过过滤处理的燃油从泵盖的进油口吸入，吸入的燃油经燃油泵叶轮加压后进入泵壳内部再通过出油口压出，为燃油系统提供具备一定压力的燃油。直流电动机的结构包括固定在泵壳壳体内壁上的永磁铁、通电后能够产生磁力矩的转子和安装在泵壳上端的石墨碳刷组件。碳刷与电枢转子上的换向器处于弹性接触状态，其引线连接在外壳的插电接线电极上，电动燃油泵泵壳外部的两端采用卷边铆紧，成为一个不可拆卸的总成。

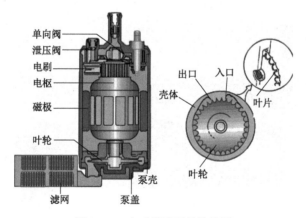

图 2-1-1　电动燃油泵结构简图

单向阀：防止燃油倒流，停车保持适当残余压力，以利于下次启动。

安全阀（泄压阀）：过压保护，当燃油泵工作压力大于 0.4MPa 时，安全阀打开，燃油内部循环。

二、滚柱式电动燃油泵

1．结构

滚柱式电动燃油泵主要由燃油泵电动机、滚柱式燃油泵、出油阀、卸压阀等组成。

2．原理

滚柱式电动燃油泵的工作原理如图 2-1-2 所示，当转子旋转时，位于转子槽内的滚柱在离心力的作用下，紧压在泵体内表面上，对周围起密封作用，在相邻两个滚柱之间形成工作腔。在燃油泵运转过程中，工作腔转过出油口后，其容积不断增大，形成一定的真空度，当转到与进油口连通时，将燃油吸入；而吸满燃油的工作腔转过进油口后，容积不断减小，使燃油压力升高，受压燃油流过电动机，从出油口输出。

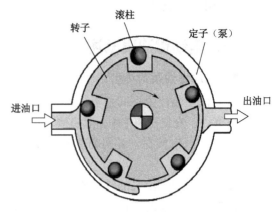

图 2-1-2　滚柱式电动燃油泵的工作原理

三、涡轮式电动燃油泵

1．结构

涡轮式电动燃油泵主要由燃油泵电动机、涡轮泵、出油阀、卸压阀等组成。

2．原理

燃油泵电动机通电时，电动机驱动涡轮泵叶片旋转，由于离心力的作用，使叶轮周围小槽内的叶片贴紧泵壳，将燃油从进油室带往出油室。由于进油室的燃油不断减少，形成一定的真空度，将燃油从进油口吸入；而出油室燃油不断增多，燃油压力升高，当达到一定值时，顶开出油阀出油口输出。出油阀在油泵不工作时阻止燃油流回油箱，保持油路中有一定的压力，便于下次启动。涡轮式电动燃油泵的结构原理如图 2-1-3 所示。

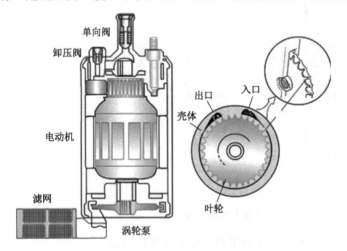

（a）工作原理　　　　　　　　　　（b）结构组成

图 2-1-3　涡轮式电动燃油泵的结构原理

3．优点

涡轮式电动燃油泵具有泵油量大、泵油压力较高、供油压力稳定、运转噪声小、使用寿命长等优点。此外，由于不需要消声器，所以可以小型化，因此广泛地应用在轿车上，如捷达、本田雅阁、丰田威驰等。

四、侧槽式电动燃油泵

1．结构

侧槽式电动燃油泵主要由燃油泵电动机、侧槽泵体、凸缘盘、叶轮、出油阀、卸压阀等组成。

2．原理

侧槽式电动燃油泵的工作原理如图 2-1-4 所示，油泵电动机通电时，电动机驱动侧槽泵叶轮旋转，由于离心力的作用，使叶轮周围小槽内的叶片贴紧泵壳，将燃油从进油室带往出油室。由于进油室的燃油不断减少，形成一定的真空度，将燃油从进油口吸入；而出油室燃油不断增多，燃油压力升高，当达到一定值时，顶开出油阀出油口输出。

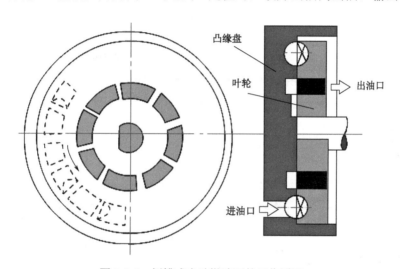

凸缘盘
叶轮
出油口
进油口

图 2-1-4　侧槽式电动燃油泵的工作原理

五、燃油泵的控制

1．ECU 控制的燃油泵控制电路

ECU 控制的燃油泵控制电路如图 2-1-5 所示。

当旋转点火开关至"ON"挡时，电路中"IG"端子通电，主继电器吸合，电路断路继电器也跟着吸合，燃油泵电动机开始工作。ECU 如果没有接收到发动机旋转信号，则在燃油泵工作 3～5s 后切断 Fc，使燃油泵停止工作，直到发动机启动后再继续泵油。

2．具有转速控制的燃油泵控制电路

具有转速控制的燃油泵控制电路如图 2-1-6 所示。

当旋转点火开关至"ON"挡时，电路中"IG"端子通电，主继电器吸合。启动发动机，断路继电器线圈 L2 通电，触点闭合。启动后，空气流量计内燃油泵开关闭合，断路继电器内触点仍处于闭合状态，怠速或中小负荷时，ECU 控制晶体管导通，燃油泵线圈通电，附加电阻串入燃油泵电路，电动机低速旋转。发动机大负荷时，ECU 控制晶体管截止，由于短路附加电阻，燃油泵电动机高速旋转。

发动机启动困难故障诊断与排除

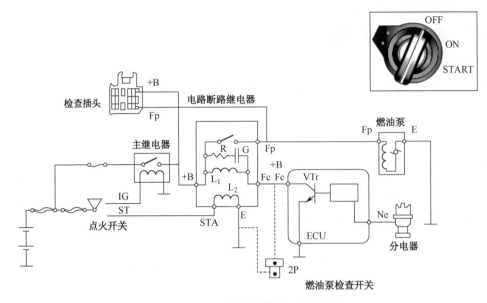

图 2-1-5　ECU 控制的燃油泵控制电路

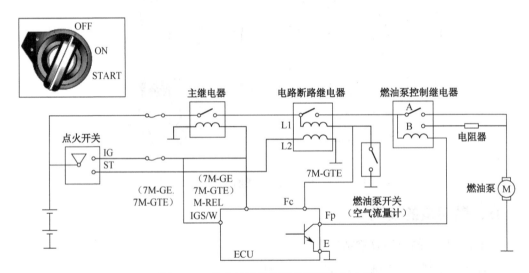

图 2-1-6　具有转速控制的燃油泵控制电路

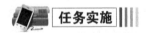 任务实施

一、燃油泵控制电路识图

如图 2-1-7 所示，打开点火开关，蓄电池电压施加到 ECM 的 IGSW 上。来自 ECM 的端子 MREL 输出信号使电流流向线圈，接通集成继电器（EFI MAIN 继电器）触点，并向 ECM 的端子+B 供电。

如图 2-1-8 所示，当发动机启动时，Ne 信号输入发动机 ECU，发动机 ECU 控制 FPC 端子搭铁，燃油泵继电器吸合，油泵开始运转。燃油泵 ECU 各端子电压标准值见表 2-1-1。

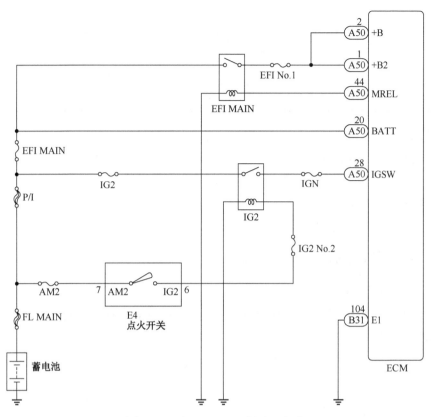

图 2-1-7　丰田 1ZR-FE 燃油泵电路

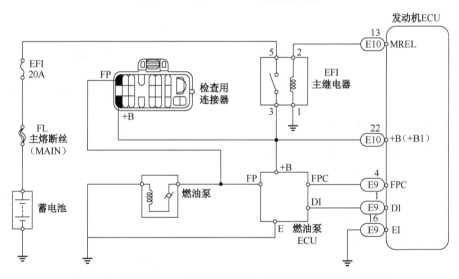

图 2-1-8　发动机 ECU 和燃油泵 ECU 共同控制两速燃油泵电路

表 2-1-1　燃油泵 ECU 各端子电压标准值

端　子	条　件	标准值/V
FP—接地	突然加速	12～14
	怠速	8～10

端　子	条　　件	标准值/V
+B—接地	点火开关 ON	9～14
FPC—接地	突然加速到 6000r/min 或更高	4～6
	怠速	2.5

1. 主继电器

主继电器英文为 EFI RELAY 或 MAIN（主要的、重要的）RELAY，因为此继电器吸合后给发动机 ECU 提供工作电源（+B），因此称为主继电器。

2. 燃油泵继电器

燃油泵继电器英文为 FUEL PUMP RELAY，简称 FP。

二、燃油泵控制电路故障诊断

1. IGSW 端子检查

点火开关置于 ON 位置，IGSW 端子电压为 11～14V，如图 2-1-9 所示。

2. MREL 端子检查

点火开关置于 ON 位置，MREL 端子电压为 11～14V，如图 2-1-10 所示。

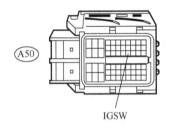
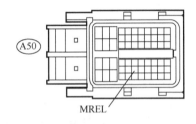

图 2-1-9　发动机 ECU IGSW 端子检测　　　图 2-1-10　发动机 ECU MREL 端子检测

3. 燃油泵保险 IGN 检查

点火开关置于 ON 位置，IGN 保险丝电压为 11～14V，如图 2-1-11 所示。

4. 发动机 ECU FC 端子检查

点火开关置于 ON 位置，FC 端子电压为 11～14V，如图 2-1-12 所示。启动发动机，FC 端子电压为 0V。

5. 燃油泵就车检查（图 2-1-13）

（1）用专用导线将诊断座上的燃油泵测试端子跨接到 12V 电源上。

（2）将点火开关转至 ON 位置，但不要启动发动机。

（3）旋开油箱盖能听到燃油泵工作的声音，或用手捏紧油软管应感觉有压力。

（4）若听不到燃油泵的工作声音或进油管无压力，应检修或更换燃油泵。

（5）若有燃油泵不工作故障，且上述检查正常，应检查燃油泵电路导线、继电器、熔断器的熔断丝有无断路。

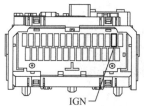

仪表板接线盒

IGN

图 2-1-11 燃油泵保险丝检测

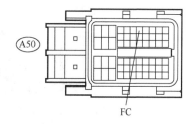

结束连接器前视图（至ECM）

A50

FC

图 2-1-12 发动机 ECU FC 端子检测

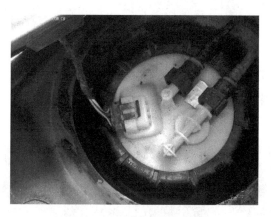

图 2-1-13 燃油泵就车检查

三、1ZR-FE 燃油泵电动机检修

1. 燃油泵电动机线路检查

丰田 1ZR-FE 燃油泵电动机线束为 5 孔插头，如图 2-1-14 所示。上面一排是燃油表传感器线路，下面 2 个端子是燃油泵电动机端子。有的车型燃油泵电动机为 4 孔插头，如图 2-1-15 所示。端子横截面积大的是电动机端子，横截面积小的是燃油表传感器端子。

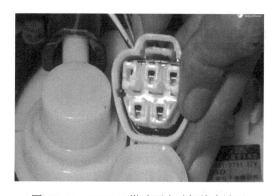

图 2-1-14 1ZR-FE 燃油泵电动机线束端子

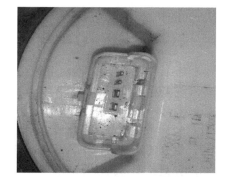

图 2-1-15 燃油泵电动机端子

2. 燃油泵电动机电阻检查

用万用表 200Ω 挡位测量燃油泵电动机，其电阻正常为 1Ω 左右，如图 2-1-16 所示。

图 2-1-16　燃油泵电动机电阻检测

3. 燃油泵电动机工作电压检查

万用表选择 20V 挡测量燃油泵电动机线束端子，启动发动机，正常应该有蓄电池电压，如图 2-1-17 所示。

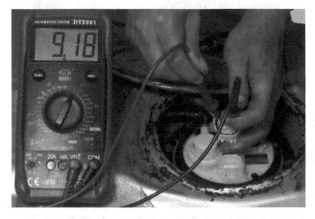

图 2-1-17　燃油泵电动机工作电压检测

任务 2　检测燃油压力

 任务目标 ||||

1. 会检测燃油系统的压力。
2. 能叙述油压测试中油压表的连接和使用方法。
3. 会更换燃油滤清器。
4. 能叙述四种油压的测试步骤：系统油压、工作油压、最大供油压力、系统残压。

 任务引入 ||||

一辆奥迪 A6 轿车（装备 V6 电控发动机），报修时的故障现象是发动机冷机时，能顺利启动；热机熄火后立即启动，也能顺利着火；但发动机热机熄火，再停放半小时以后，启动困难，必须连续多次用起动机带动曲轴转动，发动机方能着火。

 资料准备

1. 汽车维修专用工具及设备。
2. 奥迪 A6 汽车维修手册。

 相关知识

一、概述

燃油压力分析是指使用汽油压力表对燃油供给系统（图 2-2-1）进行故障诊断，燃油压力分析可以准确地判断出供油系统的故障点，它是发动机综合诊断中最基本的测试手段。燃油压力分析包括初始油压测试（有些车无）、工作油压测试、最大供油压力测试和残余压力测试四个部分。

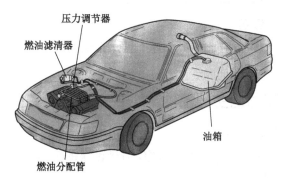

图 2-2-1　燃油供给系统

1. 初始油压

初始油压是点火开关打开后，未启动发动机时，发动机 ECU 控制油泵运转几秒钟所建立起来的系统油压。初始油压等于燃油压力调节器在无真空情况下的系统油压调节值，通常为最大工作油压。若初始油压在点火开关打开几秒钟后，能够达到正常值，说明发动机 ECU、油泵继电器、油泵电路、油泵工作基本正常。

2. 工作油压

工作油压是发动机运转中的燃油系统油压，其油压的大小随发动机进气歧管真空度的变化而改变。怠速时，因进气歧管真空度最大，故此时工作油压最低；急加速时，因节气门突开，进气真空度降至最低，故此时工作油压最高。

工作油压的具体数值因车而异，一般在 $1\sim4kg/cm^2$（电控式）或 $5\sim6.5kg/cm^2$（机械式和机电式）。对于不同车型可按维修手册中的标准，用手动真空泵来调整调节器中真空度的大小，对应检查油压是否符合规定。

工作油压正常与否对燃油系统工作至关重要，往往判断工作油压是否正常是检查燃油系统故障的第一步，只有在确认燃油系统油压正常的情况下，才能进一步判断电路是否有故障。在实际测试中，还应测量燃油压力在高速大负荷行驶时的稳定性，以便确认燃油供给系统在动态工作中是否有堵塞或泄漏的故障，以及燃油泵在动态大流量时的供油能力。

3．油泵最大供油压力

油泵最大供油压力又称"憋死油压"——在油泵运转时堵住出油口，观察油路油压的突变情况。正常情况下油压应迅速上升达到工作油压的 2～3 倍（油泵安全阀工作压力），若达不到此数值，说明油泵泄漏或工作不良。

4．残余压力

残余压力是指发动机熄火后，燃油供油管路中的保持油压。对于电控式喷射系统其残余压力等于熄火时的油管压力，而机械式或机电式喷射系统残余压力由于蓄压器的作用在熄火后先下降而后又升至 $2.6kg/cm^2$ 左右，残余压力的主要作用是有利于再次启动发动机。

正常情况下残余压力应能稳定 20～30min 或以上。若下降太快，说明油路有泄漏。对于有泄漏的油路，可用夹住主油路的方法来判断油路前后段的泄漏情况，还可以用夹住调压器回油管的方法来判断调压器回油阀有无泄漏。

5．油压对发动机的影响

油压过低：启动困难，混合比稀，加速不良，直至灭车，尾气不合格。

油压过高：费油，尾气不合格。

二、影响燃油压力的主要部件

1．油箱的常见问题及影响

① 油箱盖的故障会造成油箱内产生真空，导致油泵的泵油压力下降。检查方法：目视、按压测试。修理方法：更换。

② 油箱泄漏会引起安全、环保问题。检查方法：目视、嗅。修理方法：更换。

③ 油箱凹陷可能会导致急加速不良、车辆最高时速降低等。检查方法：目视。修理方法：修复或更换。

④ 生锈或积水会导致发动机怠速发抖、加速不良、容易熄火等。检查方法：目视。修理方法：更换（生锈），清洁油箱（积水）。

2．燃油滤清器

（1）燃油滤清器的功用

燃油滤清器的作用是把含在燃油中的氧化铁、粉尘等固体杂物除去，防止燃油系统堵塞（特别是喷油器），减少机械磨损，确保发动机稳定运行，提高可靠性。

（2）燃油滤清器的结构

燃油滤清器（图 2-2-2）由一个铝壳和一个内有不锈钢的支架组成，在支架上装有高效滤纸片组件，滤纸片做成菊花形，以增大流通面积，电喷滤清器不能与化油器的滤清器通用。因为电喷滤清器经常承受 200～300kPa 的燃油压力。因此，该滤清器耐压强度一般要求达到 500 kPa 以上，化油器的滤清器不能达到要求。

（3）燃油滤清器的工作原理

输油泵泵出的汽油，经进油管接口进入壳体，再渗透过滤芯而进入滤芯内腔，最后经出油管接口输出给化油器。在此过程中，汽油中的机械杂质和尘土被滤去，以达到滤清汽油的效果。汽油机正常运转后，滤清器在使用5000km 内能达到最佳效果。随着滤出杂质的增多，滤清器必须定期更换，更换周期应视实际使用的汽油质量而定，通常情况下，燃油滤清器的使用不超过10000km。

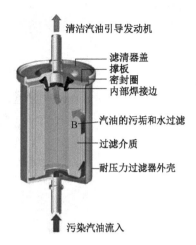

图2-2-2　燃油滤清器结构

（4）燃油滤清器保养常识

滤清器堵塞后，滤芯的阻力增加，汽油流动不畅，造成滤清器内的燃油液面升高。从滤清器外壳可以观察到内部油面上升情况，从而可以判断滤清器是否堵塞。

滤芯堵塞后，供油不足，发动机功率下降，车辆行驶无力，车速降低。一辆车速达 100km/h 以上的轿车，可下降到车速 70～80km/h，甚至更低，发动机加速不良。奥迪、桑塔纳和捷达等轿车要求每行驶 15000km 应更换燃油滤清器。

3．燃油压力调节器

（1）功用

燃油压力调节器（图2-2-3）是指根据进气歧管真空度的变化来调节进入喷油器的燃油压力，使燃油压力与进气歧管压力之差保持不变，让喷油压差在不同的节气门开度下保持定值的装置。

图2-2-3　燃油压力调节器

燃油压力调节器安装在燃油分配管的一端，其功用有两个：一是调节供油系统的燃油压力，使系统油压与进气歧管压力之差保持恒定（设定值一般为 300kPa）；二是缓冲燃油泵供油时产生的压力脉动和喷油器断续喷油引起的压力波动。

（2）结构

油压调节器主要由弹簧、阀体、阀门和铝合金壳体等组成，如图 2-2-4 所示。阀体固定在金属膜片上，阀体与阀门之间安装有一个球阀。球阀用弹片托起，球阀与阀体之间设有一个弹力较小的弹簧，使球阀与阀门保持接触。在铝合金壳体上，设有油管接头和真空管接头，进油口接头与燃油分配管连接，回油口接头连接回油管并与油箱相通，真空管接头与节气门至进气歧管之间的真空管连接。

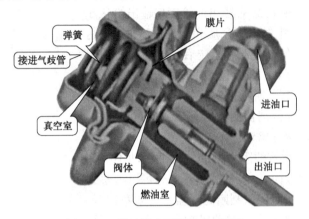

图 2-2-4　燃油压力调节器内部结构

（3）工作原理

① 燃油压力调节器实际上是一个由膜片控制的过流型溢流阀。膜片将调节器分隔为上弹簧室和下燃油室。且由膜片控制溢流阀的开度，以保持上、下两室的压力平衡，如图 2-2-5 所示。

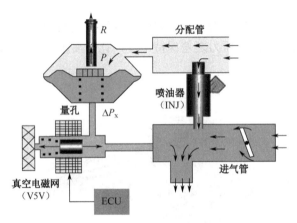

ΔP_x —进气歧管压力；P—燃油压力；R—弹簧弹力

图 2-2-5　燃油压力调节器工作原理

② 当燃油室油压升高越过弹簧压力与真空气体压力的合力时，膜片向上拱曲，调节器阀门打开，部分燃油从球阀经回油口流回油箱，使燃油压力降低，当压力降低到调节器设定的控制油压时，球阀关闭，以保持从油泵单向阀到压力调节器之间油路具有一定压力。

（4）输出特性

① 当进气歧管内的气体压力下降时（真空度增大），膜片上移，回油阀开度增加，回油量增加，燃油分配管内油压下降，保持与变化了的进气歧管压力差值的恒定（0.25MPa）。

② 当进气歧管内的气体压力升高时（真空度减小），膜片下移，回油阀开度减小，回油量减少，燃油分配管内油压升高，保持与变化了的进气歧管压力差值的恒定（0.25MPa）。

③ 燃油压力调节器的输出特性反映了燃油分配管内油压与进气歧管压力关系，燃油压

力调节器的作用是保证喷油器的喷油量不受进气歧管负压和供油系统油压的影响，而只决定于喷油器阀门开启时间。各工况燃油压力数值见表 2-2-1。

表 2-2-1　各工况燃油压力数值

工　　况	进气歧管真空度/kPa	弹簧弹力/kPa	燃油总管中的燃油压力/kPa
怠速	−50	300	250
中负荷	−30	300	270
大负荷	−10	300	290
大气压	0	300	300

注：燃油总管中的燃油压力随进气管真空度的变化而变化。

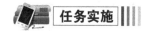 任务实施

一、更换燃油滤清器

1．注意事项

（1）定期更换。通常情况下，燃油滤清器的使用不超过 10000km，奥迪、桑塔纳和捷达等轿车要求每行驶 15000km 应更换燃油滤清器。如果燃料含杂质量大时行驶距离相应缩短。

（2）空箱更换。在通风良好的环境中，燃油箱中的剩余油量显示不足时进行更换。

（3）注意方向。燃油滤清器外壳的箭头表示燃油流动的方向，安装燃油滤清器时，不允许倒装。即使它在倒装状态工作很短的时间也必须更换。

2．释放燃油压力

（1）查阅手册，按照提示拔下油泵保险丝，如图 2-2-6 所示。

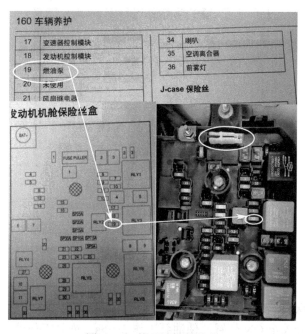

图 2-2-6　拔下油泵保险丝

（2）插钥匙点火，启动发动机，直到发动机自动熄火，烧掉油轨中残余的油压。

3．拆卸旧燃油滤清器

（1）用举升机举升车辆到合适高度。

（2）掰开3个很有弹性的塑料挂钩（上面2个，下面1个），把燃油滤清器拿出来，如图2-2-7所示。

（3）拆油管：拔起前面那个锁止口，按压下后面这个活舌就能直接拔出油管接口，如图2-2-8所示。

图 2-2-7　取出燃油滤清器　　　　　　　图 2-2-8　拆油管接口

4．安装新燃油滤清器

安装新燃油滤清器，注意方向和位置，有缺口的一侧朝下，如图 2-2-9 所示。接好油管，装回燃油滤清器，固定于塑胶套内。

图 2-2-9　安装新燃油滤清器

5．试车

（1）把燃油泵保险丝装回原位。

（2）打开点火开关至 ON 位置，使油泵工作 3～5s，恢复工作油压后，关闭点火开关。

（3）再次打开点火开关至 ON 位置短暂停留 3~5s 后，启动发动机，应能正常着车。否则，进行油压测试。

二、油压测试

1. 注意事项

（1）燃油压力的检测必须在通风良好的环境下操作。

（2）在接燃油压力表之前，最好拆下蓄电池负极，泄掉燃油压力，同时准备好灭火器。

（3）确保燃油压力表（图 2-2-10）连接牢靠，试着启动发动机几秒钟，检查压力表各接头有没有泄漏，否则更换接头重新接上燃油表，在确定没有泄漏的情况下才能检测燃油压力。

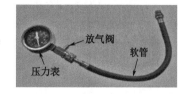

图 2-2-10　燃油压力表

2. 油压表的连接方法

拆下输油管与燃油分配器的接头，如图 2-2-11 所示，用专用的三通接头串联连接到输油管上，然后在三通接头上连接油压表，如图 2-2-12 所示。对于有油压测试口的车型则直接连接油压表。

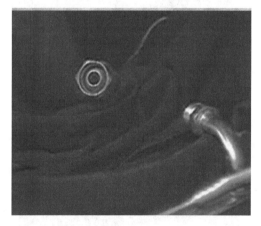

图 2-2-11　拆下输油管接头

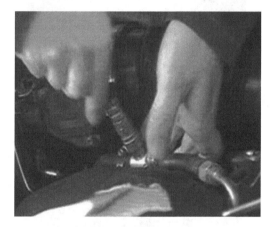

图 2-2-12　接上压力表

3. 系统油压的检测

打开点火开关，启动发动机，燃油泵工作，保持怠速状态，标准的燃油压力值在 380~420kPa，同时查看油压表指针是否摆动，若摆动则为油压不稳，如图 2-2-13 所示。常见的系统油压故障有油压过高和油压过低两种。油压过低会使混合气过稀，过高则会使混合气过浓，重要原因是油压调节器故障或者是回油管堵塞。可拆下回油管，在油压调节器上重新连接一软管放置在容器中。启动发动机，此时油压正常则为回油管堵塞，否则为油压调节器故障。

4. 调节油压的检测

在发动机怠速运行的条件下，拔掉燃油压力调节器上的真空管，如图 2-2-14 所示，燃油压力值应上升到 450kPa，如图 2-2-15 所示。

5. 最大油压检测

发动机怠速运行时将回油管夹住，时间不应超过 3～5s，此时油压上升 2～3 倍，否则为油泵性能下降，泵油压力不足。油压低的原因是油箱中燃油少、燃油泵滤网堵塞、油泵失效、油泵出口安装不当、滤清器堵或油压调节器故障。

6. 系统残压

关闭发动机 10min 后，燃油的保持压力为 300kPa，如图 2-2-16 所示（热机为 300kPa；冷机为 220kPa）。

图 2-2-13　系统压力值

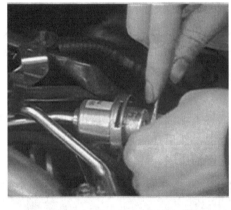

图 2-2-14　拔下真空管

图 2-2-15　调节油压值

图 2-2-16　系统残压值

三、故障分析

1. 燃油压力调节器故障分析

燃油压力调节器的真空膜片损坏、接进气歧管的软管漏气、回位弹簧弹力减弱、阀体关闭不严、管路堵塞等会造成整个燃油系统的压力值不正确，所导致的故障见表 2-2-2。

表 2-2-2　油压调节器的故障表

常见故障部位	故障现象
真空膜片损坏，有裂缝	汽油从此裂缝中渗出，然后通过真空管进入进气道，会造成燃油压力调节器的回油量失效，发动机的喷油量不准确
回位弹簧弹力减弱	燃油系统压力变小
接进气歧管的软管漏气	燃油压力不能随进气歧管真空度而变化
阀体关闭不严	燃油系统压力变小
管路堵塞	燃油系统压力升高

2．发动机供油压力过低故障的诊断与排除思路（图 2-2-17）

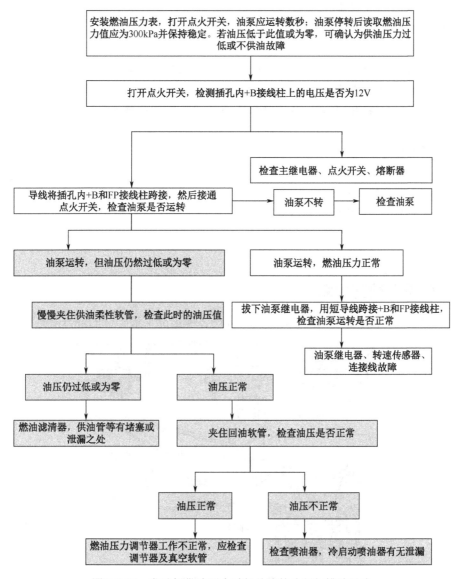

图 2-2-17　发动机供油压力过低故障的诊断与排除思路

任务3 检修电控发动机喷油器

任务目标

1. 能叙述喷油器的检查内容与方法。
2. 会检测喷油器控制电路。

任务引入

为了完成任务，请思考：
1. 电控燃油系统由什么组成？
2. 喷油器的分类有哪些？
3. 丰田1ZR-FE发动机控制模块（ECM）是如何控制喷油器工作的？
4. ECM控制喷油器喷油的工作模式有哪些？
5. 如果丰田1ZR-FE发动机喷油器不喷油，可能原因有哪些？如何检测维修？

资料准备

1. 汽车维修专用工具。
2. 丰田1ZR-FE发动机控制维修手册。

相关知识

一、电喷系统的优点

① 电喷系统（图2-3-1）能提供给发动机在各种工况下最合适的混合气浓度。

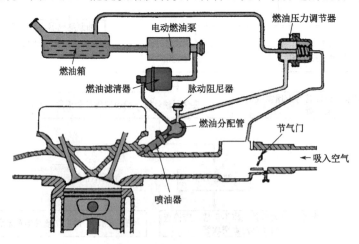

图2-3-1 电喷系统

② 用排放物控制系统后，降低了HC、CO和NO_x三种有害气体的排放。

③ 增大了燃油的喷射压力，因此雾化比较好，动力强，经济性好。

④ 发动机启动容易，暖机性能提高。

二、喷油器结构原理

1. 喷油器的作用

喷油器是电控燃油喷射系统中的重要执行器，它接收来自发动机 ECU 的信号，使喷油器的电磁线圈在适当的时刻通电，阀门打开、喷油。打开时间（喷油量）由发动机 ECU 发出的电脉冲宽度（持续时间）控制。具有喷射准时、喷油量准确、喷射雾化好等优点。

2. 分类

① 按用途分：单点喷射（安装在节气门前，已经被淘汰）；多点喷射（通过密封垫圈安装在各缸进气歧管或进气道附近的缸盖上，并用输油管固定）。

② 按燃料的进入位置分：上部给料式；下部给料式。

③ 按喷口形式分：轴针式；球阀式；片阀式。如图 2-3-2 所示。

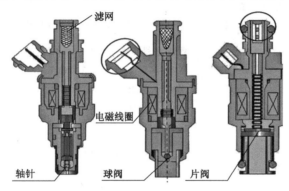

图 2-3-2　三种喷油器

④ 按驱动方式分：电压驱动；电流驱动。

⑤ 按阻值（喷油器电磁线圈阻值）大小分：低阻值（2～5Ω）；高阻值（12～15Ω）。

3. 结构

喷油器主要由滤网、插头、电磁线圈、弹簧、衔铁、阀轴、针阀和壳体等组成，如图 2-3-3 所示。衔铁、阀轴和针阀制成一体分配油管的压力，汽油经过滤网后进入喷油器，电磁线圈不通电时，针阀在回位弹簧作用下将喷油孔封住。

4. 工作过程

喷油器由发动机 ECU 的电脉冲控制其打开或关闭。当磁场绕组无电流时，喷油嘴针阀被螺旋弹簧压在喷油器出口处的密封锥座上。衔铁被激励时，针阀从其座面上升约 0.1mm，燃油便通过精密环形间隙，在喷油器头部前端被粉碎雾化，并通过旋流作用在进气和压缩冲程中形成易于点燃

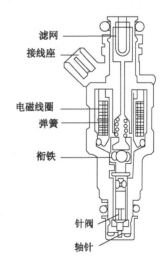

图 2-3-3　喷油器结构

的均匀空气燃油混合气。

每次发动机 ECU 控制喷油器电磁线圈通电的时间被称为喷油脉宽,通常为 2～10ms。当电磁线圈断电时,电磁吸力消失,在回位弹簧的作用下,针阀立即将阀口关闭,喷油器停止喷油。

当喷油器结构和油路油压与进气歧管气压之差一定时,喷油量取决于针阀开启时间(喷油脉宽)的长短。

三、喷油控制分析

1．喷油正时控制

喷油正时控制是指发动机 ECU 控制喷油器什么时候开始喷油,一般发生在排气行程上止点前。顺序喷射的 EFI 系统中,要实现顺序喷射,发动机 ECU 必须知道曲轴位置信号和凸轮轴位置信号,判断出每个缸的位置,如图 2-3-4 所示。

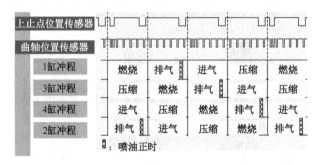

图 2-3-4　喷油正时控制

2．喷油量控制

(1)发动机启动时喷油量控制

启动时,由于发动机的转速低,吸入的空气量少,进气管的压力也不稳定,所以不可能准确检测吸入的空气量。

因此启动时发动机 ECU 一般不根据吸入的空气质量计算喷油脉宽,而是根据当时的冷却液温度,与 ROM 内存储的水温查出对应的基本喷油脉冲宽度,然后,根据进气温度信号和蓄电池电压修正,得到启动时的喷油脉宽。启动时喷油量控制如图 2-3-5 所示。

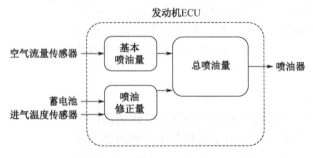

图 2-3-5　启动时喷油量控制

清除溢油：启动时如出现燃油过多的现象，发动机将难以启动。为此一般发动机ECU内都设有清除溢油功能。

启动时，踩下加速踏板使节气门全开（节气门位置传感器给出信号）或节气门开度为80%～100%时，发动机ECU将发出指令供给稀的混合气（如空燃比为20:1），以消除燃油过多现象，直到发动机转速达400r/min。

也有一些燃油喷射发动机，在启动时如节气门开度超过80%后，根本就不喷油，其目的也是为了清除溢油。

（2）发动机启动后喷油量控制

发动机转速超过规定值后，发动机ECU按下列公式确定喷油持续时间：

$$喷油持续时间 = 基本喷油持续时间 \times 喷油修正系数 + 电压修正值$$

1）基本喷油持续时间。基本喷油持续时间是发动机ECU为了达到目标空燃比，由计算求得的喷油持续时间，目标空燃比一般取14.7。

2）启动后各工况喷油量的修正。在确定基本喷油持续时间的同时，发动机ECU通过各种传感器获得发动机运行工况的信息，对基本喷油持续时间进行修正。

① 暖机加浓。发动机启动后，转速逐渐升高并稳定，此时发动机温度还比较低，汽油仍雾化不良，因此需继续供给较浓的混合气。于是发动机ECU额外增加喷油量，使发动机保持稳定运行。喷油量初始修正值根据冷却液温度确定后以一固定速度下降，逐步达到正常。

冷车启动后，很快进入暖机过程。暖机时燃油增加也是对发动机冷态时燃油雾化不良的一种补充措施。启动后加浓在发动机启动后数十秒内即告结束，而暖机加浓时间较长，在冷却液温度达到规定值以前一直持续进行。

② 大负荷加浓。发动机在输出最大功率时，为保证其良好的工作，发动机ECU根据节气门位置、发动机转速、空气流量计（或进气歧管压力）、冷却液温度等信号，增加喷油量，以加浓混合气。加浓量可达正常值的10%～30%。

③ 进气温度修正。发动机进气密度随发动机的进气温度而变化，因此为了保持较为精确的空燃比，发动机ECU以20℃时的空气密度为标准，根据实测的进气温度信号，修正喷油量。温度低时增加喷油量，温度高时减少喷油量，其最大幅度约为10%。

④ 加速减速空燃比控制。发动机在加速时，为使其有良好的动力性，需要适当加浓。电控单元根据进气量、发动机转速、车速、节气门位置、冷却液温度等信号，增加喷油量。发动机在减速时，节气门处于关闭状态，此时应减少喷油量。

⑤ 怠速稳定性补偿。对采用速度密度方式的电控喷射系统，在过渡工况时，进气歧管绝对压力相对于发动机转速将产生滞后。节气门以后进气管容积越大，怠速时发动机转速越低，这种滞后时间越长，怠速越不稳定。为了提高发动机怠速转动的稳定性，发动机ECU根据节气门位置、发动机转速、进气歧管压力等信号，增减喷油量。进气歧管绝对压力升高或发动机转速下降时，增加喷油量；反之，减少喷油量。

⑥ 电压修正。电源电压对喷油量有影响。电压低，会使实际的喷油持续时间比正常的短，混合气变稀，为此也需要修正。发动机ECU根据电源电压的高低自动修正喷油量。

⑦ 空燃比反馈控制。在装有氧传感器的喷油闭环控制系统中，发动机ECU根据氧传感器的信号修正喷油量，将空燃比控制在理论空燃比附近。但在发动机启动、启动后加浓、大负荷、冷却液温度低于规定值和断油工况时，发动机ECU不进行闭环控制。

⑧ 学习空燃比控制。学习空燃比控制通常称为学习控制，其目的是为进一步提高空燃比的控制精度。

启动后喷油量控制如图 2-3-6 所示。

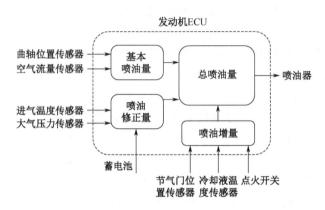

图 2-3-6　启动后喷油量控制

四、喷油器的驱动方式

1. 电压驱动（饱和开关型）（图 2-3-7）

组成：发动机 ECU 的喷油脉冲、大功率三极管通断、喷油器电磁线圈。

适用：高阻值喷油器，电路阻抗大，导致流过电磁线圈的电流减少，产生的电磁吸力低，针阀开启滞后时间长。

2. 电流驱动（峰值保持型、电流保持型、频率保持型）（图 2-3-8）

组成：发动机 ECU 的喷油脉冲、大功率三极管通断、喷油器电磁线圈。

适用：低阻值喷油器，电路没有附加电阻，电路阻抗小，电磁线圈的电流上升快，针阀开启迅速。

开启速度：电流驱动低阻值型喷油器 ＞ 电压驱动低阻值型喷油器 ＞ 电压驱动高阻值型喷油器。

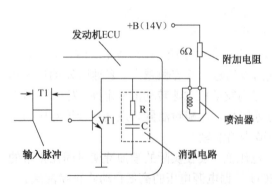

图 2-3-7　电压驱动型喷油器驱动电路

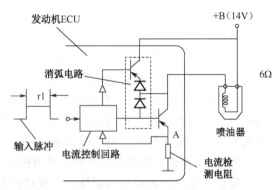

图 2-3-8　电流驱动型喷油器驱动电路

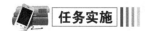

任务实施

一、喷油器拆卸

1. 事前准备

"十"字和"一"字螺丝刀、10#套筒、12#套筒、鲤鱼钳、棘轮扳手、扭力扳手、抹布、刷子、汽油、小油盆、清洗液、O型密封圈、标签、塑料袋、喷油器清洗机、护垫、方向盘套、脚垫、变速器操纵杆套。

2. 燃油系统卸压（见项目二任务2）

3. 从蓄电池负极端断开电缆（图2-3-9）

图2-3-9　从蓄电池负极端断开电缆

4. 拆气缸盖罩（图2-3-10）

图2-3-10　拆气缸盖罩

5. 拆卸发动机线束

（1）拆2根搭铁线（图2-3-11）。

图 2-3-11　拆搭铁线

（2）断开 4 个喷油器总成连接器（图 2-3-12）。

图 2-3-12　断开喷油器总成连接器

（3）拆线束支架（图 2-3-13）。

图 2-3-13　拆线束支架

6．拆燃油管总成

（1）拆燃油管卡夹、旋下燃油管接头（图2-3-14）。

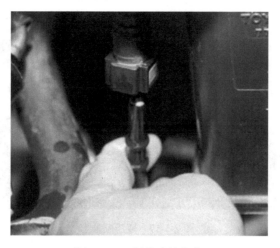

图2-3-14　拆燃油管卡夹

（2）拆燃油管2根固定螺栓（图2-3-15）。

图2-3-15　拆燃油管固定螺栓

（3）取下螺栓和燃油管总成（图2-3-16）。

图2-3-16　取下螺栓和燃油管总成

7．拆卸喷油器总成

（1）从燃油管总成中拉出4个喷油器（图2-3-17）。

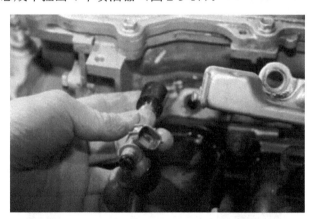

图2-3-17　取下喷油器

（2）在喷油器上贴上标签（图2-3-18）。

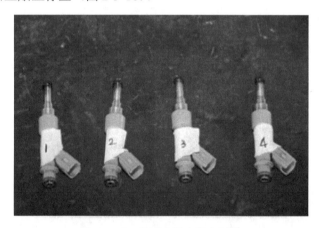

图2-3-18　在喷油器上贴上标签

（3）拆下4个喷油器隔振垫（图2-3-19）。

图2-3-19　拆下喷油器隔振垫

二、喷油器的清洗与测试

1. 超声波清洗

（1）将喷油器放入汽油或清洗油中，仔细清除外部油污后用软布擦拭干净。检查喷油嘴上的橡胶圈是否损坏，如有损坏，应及时更换（图 2-3-20）。

图 2-3-20　清除喷油器外部油污

（2）在超声波清洗槽倒入专用喷油器测试剂两瓶，约 1850mL（图 2-3-21）。

图 2-3-21　加入喷油器测试剂

（3）在超声波清洗槽内放入清洗支架，在支架上放好喷油器，清洗剂要浸过支架（图 2-3-22）。

图 2-3-22　在清洗支架上安装喷油器

（4）打开设备电源开关（图 2-3-23）。

图 2-3-23　打开设备电源开关

（5）按下"超声波"键（图 2-3-24）。

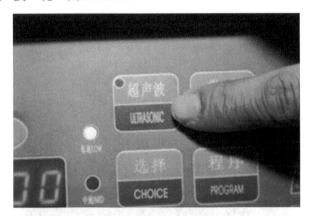

图 2-3-24　按下"超声波"键

（6）设置清洗时间（设备默认 10min）（图 2-3-25）。

图 2-3-25　设置清洗时间

注意

调整时间为 600s，超声槽内无清洗剂时严禁打开超声系统，以免造成设备损坏。

2．喷油器测试

（1）装上喷油器（图 2-3-26）。

图 2-3-26　安装喷油器

（2）将驱动线插头依次插入喷油器插孔中（图 2-3-27）。

图 2-3-27　连接驱动线插头

（3）调整油压为 0.25～0.30MPa（图 2-3-28）。

图 2-3-28　调整油压

（4）调整转速为 850r/min（图 2-3-29）。

图 2-3-29　调整转速

（5）调整喷油脉宽为 2.5ms（图 2-3-30）。

图 2-3-30　调整喷油脉宽

（6）按"选择"键至全开喷射测试。

按"选择"键依次选择怠速测试、中速测试、高速测试，压力仍保持在 0.25～0.30MPa。当液面达到量筒的 2/3 时按下"停止"键或"暂停"键，观测在不同工况下各喷油器的流量均衡性（图 2-3-31）。一辆汽车上所有喷油器的喷油量偏差不应超过 2%。丰田卡罗拉汽车喷油量 15s（2 次或 3 次）60～73cm³，各喷油器间的差别为 13cm³ 或更少。

图 2-3-31　观察喷油器喷入的油量

（7）喷油器安装位置不动，按选择键"选择"检漏测试项，按下"工作"键，同时将压力调至 0.3MPa，观测各喷油器密封性。每分钟滴漏不超过两滴视为合格。丰田卡罗拉汽车每 12 分钟 1 滴或更少。

三、安装喷油器

1. 安装喷油器总成

（1）将新喷油器隔振垫安装到喷油器总成。

（2）在喷油器总成 O 型密封圈接触面上涂抹一薄层汽油或机油（图 2-3-32）。

图 2-3-32　涂抹汽油或机油

注意

不要扭曲 O 型密封圈，安装喷油器后，检查确认喷油器可以平稳转动，如果不能平稳转动，换上新的 O 型密封圈。

（3）安装 4 个喷油器总成向左和向右转动喷油器总成（转动平稳），以将其安装到输油管总成上（图 2-3-33）。

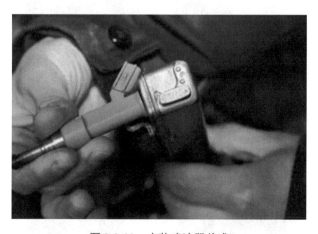

图 2-3-33　安装喷油器总成

2．安装燃油管隔垫（图 2-3-34）

图 2-3-34　安装燃油管隔垫

3．安装燃油管总成

（1）安装燃油管总成（图 2-3-35）。

图 2-3-35　安装燃油管总成

（2）安装燃油管接头并装上卡夹（图 2-3-36）。

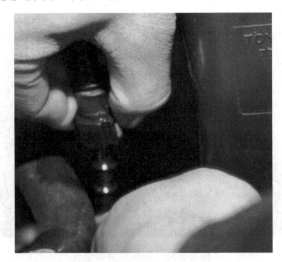

图 2-3-36　安装燃油管卡夹

（3）装上燃油管固定螺栓，螺栓紧固至规定扭矩（螺栓拧紧力矩为21N·m）（图2-3-37）。

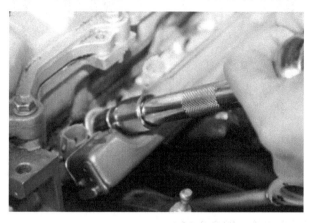

图2-3-37　安装燃油管固定螺栓

（4）固定发动机线束支架（图2-3-38）。

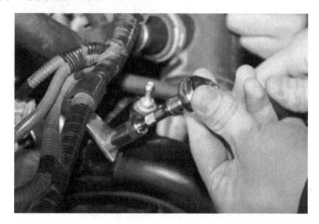

图2-3-38　固定发动机线束支架

4．连接发动机线束

（1）连接4个喷油器总成连接器（图2-3-39）。

图2-3-39　连接喷油器总成连接器

（2）连接搭铁线（图2-3-40）。

图 2-3-40　连接搭铁线

5．连接曲轴箱通风软管（图 2-3-41）

图 2-3-41　连接曲轴箱通风软管

6．将电缆连接到蓄电池负极端子

7．启动发动机，检查燃油是否泄漏（图 2-3-42）

图 2-3-42　启动发动机

8. 安装气缸盖罩

9. 整理工位

 项目测评

一、填空题

1. 丰田卡罗拉汽车的电动燃油泵由_____、_____、_____、_____、燃油表传感器等部分组成。

2. 喷油正时控制是指 ECM 控制喷油器的_____实现顺序喷射，ECM 必须依据_____信号和_____信号判断每个缸的位置。

二、选择题

1. 下列说法正确的是（　　　）。

   A. 汽车电动燃油泵全部安装在后排座椅下方

   B. 丰田花冠汽车电动燃油泵总成包括燃油泵电动机、燃油压力调节器和燃油滤清器

   C. 燃油泵电动机单向阀的作用是发动机熄火后防止燃油回流

   D. 燃油泵电动机安全阀的目的是调节输出燃油油压

2. 下列说法正确的是（　　　）。

   A. 燃油泵电动机的电阻一般为 10～20Ω

   B. 燃油泵电动机的工作电流较大，所以配线横截面积较大

   C. 燃油表传感器的工作电流较小，所以配线横截面积较小

   D. 测量燃油表传感器的电阻，一般使用万用表 200Ω 挡位

3. 下列说法正确的是（　　　）。

   A. 如果燃油压力调节器与燃油泵电动机为一体，其输出油压一定是固定不变的

   B. 燃油滤清器需要定期更换

   C. 燃油泵电动机的滤网堵塞会造成发动机启动着车困难或怠速不稳

   D. 燃油滤清器堵塞，一般会造成发动机启动着车困难或怠速不稳

项目三

发动机怠速不稳故障诊断与排除

项目概述

怠速工况下，ECM 根据传感器信号，控制怠速执行器动作，调节怠速工况下的进气量，使发动机的转速控制在目标转速的范围内。

1. 怠速过高

发动机水温达到正常值，不对外输出功率时，热车怠速转速在 1000r/min 以上，称为怠速过高。

2. 怠速不稳

混合气燃烧做功不平衡（如缺缸现象），混合气质量变差，燃烧不完全，在转速较低时，造成怠速抖动的现象。

3. 怠速游车

发动机怠速时，怠速执行器不断调节，导致发动机转速忽高忽低的现象。

发动机怠速不稳的故障原因较多，本项目针对进气压力传感器故障、空气流量计故障、怠速控制阀故障、电子节气门体故障引起怠速不稳的故障进行讲解。

项目目标

1. 能进行接车谈话，能现场直观检查并接车，能接受客户委托，签订维修合同。
2. 能正确选择诊断设备对发动机怠速不良故障进行诊断。
3. 能正确记录、分析各种检测结果并确定故障原因和故障部位。
4. 能分析发动机怠速不稳的故障原因。
5. 能查阅维修手册，制订维修计划。
6. 会进行工作质量检查。
7. 会进行结算，并交付客户。

项目任务

任务 1　检修进气压力传感器

任务1　检修进气压力传感器

任务目标

1. 能叙述进气压力传感器的功用和安装位置。
2. 能确认进气压力传感器的故障现象。
3. 会识读进气压力传感器的电路图。
4. 能进行进气压力传感器的检测。
5. 会更换进气压力传感器。

任务引入

　　一辆丰田威驰轿车，配置 2SZ-FE 发动机，出现怠速不稳的故障。维修技师通过检查，读取到进气压力传感器的故障代码，现需要制订进气压力传感器故障检修的作业计划，并实施作业计划排除故障。

资料准备

1. 丰田威驰轿车。
2. 丰田威驰轿车维修手册。
3. 汽车智能故障诊断仪。
4. 万用表。
5. 汽车维修常用工具。

相关知识

一、进气压力传感器作用

　　进气压力传感器又称进气歧管绝对压力传感器（Manifold Absolute Pressure Sensor，简称 MAP），是构成密度型发动机管理系统的空气流量计量的重要元件。进气压力传感器检测节气门后方进气歧管处的绝对压力，转换成电压信号，送至 ECM，作为计算喷油量和点火正时的基本信号。

　　大众速腾 1.4T 涡轮增压直喷发动机中，增压压力传感器 G31 的作用是监控增压压力，控制增压压力；增压压力传感器 G71 的作用是监控进气量。

二、进气压力传感器安装位置

丰田威驰 2SZ-FE 发动机进气压力传感器安装在发动机气门室盖底部，从进气歧管上引出一条真空管路连到传感器上，如图 3-1-1 所示。

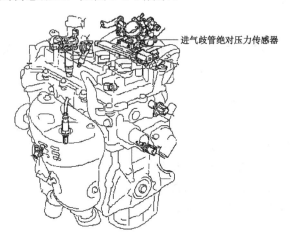

进气歧管绝对压力传感器

图 3-1-1　丰田威驰 2SZ-FE 发动机进气压力传感器

大众速腾 1.4T 涡轮增压直喷发动机增压压力传感器 G31 安装在涡轮增压器与节气门之间；增压压力传感器 G71 安装在节气门后方的进气歧管上，如图 3-1-2 所示。

G31

G71

图 3-1-2　大众速腾增压压力传感器

三、进气压力传感器分类

进气压力传感器分为：压敏电阻式、电容式、膜盒式、表面弹性波式等。由于压敏电阻式具有响应时间快、检测精度高、尺寸小且安装灵活等优点，因而被广泛用于 D 型喷射系统中。

四、进气压力传感器工作原理

压敏电阻式进气压力传感器主要由硅膜片、真空室、硅杯、过滤器、底座、真空管接头和引线电极等组成，如图 3-1-3 所示。硅杯与壳体、底座之间组成的腔室为真空室，真空室为基准压力室，基准压力为 0。

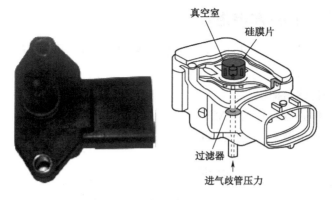

图 3-1-3　进气压力传感器结构

进气压力传感器是利用压电技术的原理设计的，其电路结构如图 3-1-4 所示。

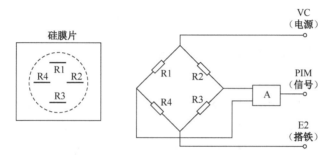

图 3-1-4　压敏电阻式进气压力传感器工作原理

硅膜片上镶嵌有 4 只应变电阻 R1、R2、R3、R4，构成惠斯顿电桥电路。硅膜片在歧管内的绝对压力作用下发生变形，引起应变电阻阻值的变化。歧管内的绝对压力越高，硅膜片的变形越大，应变电阻的阻值变化也越大，产生的信号电压越大。硅膜片机械式的变化转变成了电信号，再由集成电路放大后输出至 ECM。

进气压力传感器的特性曲线如图 3-1-5 所示，由图可知，发动机工作时，节气门开度越小，进气歧管的真空度越大，歧管内的绝对压力越小，输出信号电压越小；节气门开度越大，进气歧管的真空度越小，歧管内的绝对压力越大，输出信号电压越大。输出信号电压与歧管内绝对压力的大小成正比。

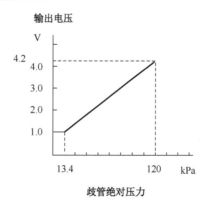

图 3-1-5　进气压力传感器的特性曲线

五、进气压力传感器电路分析

1. 丰田威驰 2SZ-FE 发动机进气压力传感器工作电路（图 3-1-6）

进气压力传感器各端子的功能：

1 号端子——传感器搭铁 E2；

2 号端子——传感器信号端 PIM；

3 号端子——传感器 5V 电源端 VC。

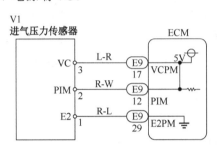

图 3-1-6　丰田威驰 2SZ-FE 发动机进气压力传感器工作电路

（1）进气压力传感器供电电源电路

ECM 内部 5V VC 稳压电源→ECM E9 连接器的 17 号端子 VCPM→蓝/红色导线→进气压力传感器 V1 连接器的 3 号端子 VC→进气压力传感器内部电路→进气压力传感器 V1 连接器的 1 号端子 E2→红/蓝色导线→ECM E9 连接器的 29 号端子 E2PM→ECM 内部搭铁。

（2）进气压力传感器信号电路

进气压力传感器内部电路→进气压力传感器 V1 连接器的 2 号端子 PIM→红/白色导线→ECM E9 连接器的 12 号端子 PIM→ECM 内部。

2. 大众速腾轿车 CFBA 发动机进气压力传感器工作电路

大众速腾轿车 CFBA 发动机进气压力传感器内还集成了进气温度传感器，其工作电路如图 3-1-7 所示。

进气压力传感器各端子的功能：

1 号端子——传感器公共搭铁端；

2 号端子——进气温度传感器信号端；

3 号端子——进气压力传感器 5V 电源端；

4 号端子——进气压力传感器信号端。

图中符号说明：

G42——进气温度传感器；

G71——进气压力传感器；

G247——燃油压力传感器；

J301——空调器控制单元；

J623——发动机控制单元；

T10e——10 芯插头连接；

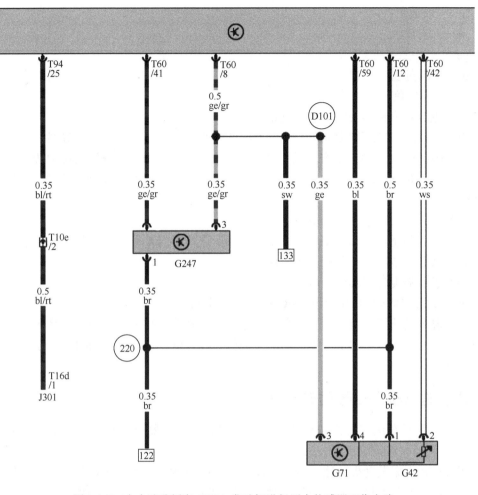

图 3-1-7　大众速腾轿车 CFBA 发动机进气压力传感器工作电路

T16d——16 芯插头连接；

T60——60 芯插头连接；

T94——94 芯插头连接；

220——接地连接（传感器接地），在发动机导线束中；

D101——连接 1，在发动机舱导线束中。

线束颜色代码如下：

ws——白色；

sw——黑色；

ro——红色；

rt——红色；

br——褐色；

gn——绿色；

bl——蓝色；

gr——灰色；

li——淡蓝色；

vi——淡紫色；

ge——黄色；

or——橘黄色；

rs——粉红色。

（1）进气压力传感器供电电源电路

ECM 内部 5V VC 稳压电源→ECM T60 连接器的 8 号端子→黄/灰色导线→发动机舱导线束中 D101→黄色导线→进气压力传感器连接器的 3 号电源端子→进气压力传感器内部电路→进气压力传感器连接器的 1 号搭铁端子→褐色导线→ECM T60 连接器的 12 号端子→ECM 内部搭铁。

（2）进气压力传感器信号电路

进气压力传感器内部电路→进气压力传感器连接器的 4 号信号端子→蓝色导线→ECM 的 T60 连接器的 59 号端子→ECM 内部。

（3）进气温度传感器信号电路

ECM 内部 5V VC 稳压电源→ECM 内部电阻→ECM T60 连接器的 42 号端子→白色导线→进气温度传感器连接器的 2 号信号端子→进气压力传感器内部负温度系数热敏电阻→进气压力传感器连接器的 1 号搭铁端子→褐色导线→ECM T60 连接器的 12 号端子→ECM 内部搭铁。

六、进气压力传感器失效保护

丰田威驰轿车进气压力传感器出现故障时，进入失效保护模式，保证车辆还能继续行驶。

① ECM 根据发动机转速、节气门开度和怠速控制阀开度来推算进气歧管压力信号。

② 如果节气门开度和发动机转速均超过 3000r/min 时，则会切断燃油。

任务实施

一、进气压力传感器的检测

1．进气压力传感器电源电压检测

拔下进气压力传感器的线束插头，打开点火开关 IG 挡，测量线束插头上的 VC 电源端子和搭铁端子 E2 之间的电压，正常值为 5V。

2．进气压力传感器信号电压检测

拔下进气压力传感器的线束插头，打开点火开关 IG 挡，测量线束插头上的 PIM 信号端子和搭铁端子 E2 之间的电压，正常值接近 5V。

检测方法一：拆下传感器与进气歧管相连的真空软管，使用测试跨接线串联在线束连接器与传感器之间，将传感器连接在手动真空泵上，打开点火开关 IG 挡，测量传感器 PIM 信号电压，接着向传感器内施加真空，测量不同真空度下传感器的输出电压，输出电压与标准值相比较，如图 3-1-5 所示，若不相符，应更换进气压力传感器。

检测方法二：使用测试跨接线串联在线束连接器与传感器之间，打开点火开关，测量传感器 PIM 信号电压为 3.3～3.9V；发动机怠速时，PIM 信号电压为 1.5～2.0V，急加速，信号电压升高。

3. 进气压力传感器线路电阻检测

检测进气压力传感器与 ECM 之间的线路是否导通。若断路，应更换或修理线束。

二、丰田威驰轿车进气压力传感器的故障排除步骤

（1）步骤一：使用智能检测仪读取进气压力传感器数据流。

① 将智能检测仪连接到 DLC3 上。

② 点火开关置于 ON 位置。

③ 打开智能检测仪。

④ 按表 3-1-1 所示，读取进气压力传感器的数据流并记录。

表 3-1-1　读取进气压力传感器数据流

工作状态	标准值	测量值	维修意见
点火开关置于 ON 位置，但不启动发动机	101kPa		□正常　□不正常
怠速时	29kPa		□正常　□不正常

正常——检查间歇性故障。

异常——转至步骤二。

（2）步骤二：检测传感器 VC 电源端子电压。

① 拔下进气压力传感器连接器 V1，如图 3-1-8 所示。

② 点火开关置于 ON 位置。

③ 按表 3-1-2 所示，检测传感器 VC 电源端子与传感器 E2 搭铁端子之间的电压并记录。

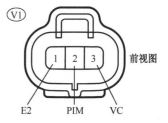

图 3-1-8　进气压力传感器连接器

表 3-1-2　检测进气压力传感器连接器各端子电压

检测仪连接	标准值	测量值	维修意见
VC（V1-3）—E2（V1-1）	5V		□正常　□不正常
PIM（V1-2）—E2（V1-1）	5V		□正常　□不正常

正常——转至步骤三。

异常——转至步骤四。

（3）步骤三：检测传感器 PIM 信号端子电压。

① 拔下进气压力传感器连接器 V1。

② 使用测试跨接线串联在线束连接器与传感器之间。

③ 点火开关置于 ON 位置。

④ 按表 3-1-3 所示检测传感器 PIM 信号端子与 E2 搭铁端子之间的电压并记录。

表 3-1-3　检测进气压力传感器 PIM 信号电压

检测仪连接	标准值	测量值	维修意见
PIM（V1-2）—E2（V1-1）	3.1～4.1V		□正常　□不正常

正常——转至步骤四。

异常——更换进气压力传感器。

（4）步骤四：检测线束和连接器（进气压力传感器—ECM）。

① 断开进气压力传感器连接器 V1，如图 3-1-8 所示。

② ECM 连接器 E9 如图 3-1-9 所示。

③ 按表 3-1-4 所示检测进气压力传感器与 ECM 之间线束的电阻并记录。

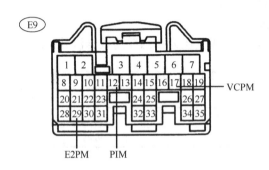

图 3-1-9　进气压力传感器 E9 连接器

表 3-1-4　检测进气压力传感器与 ECM 之间线束的电阻

检测仪连接	标准值	测量值	维修意见
PIM（V1-2）—PIM（E9-12）	小于 1Ω		□正常　□不正常
VC（V1-3）—VCPM（E9-17）	小于 1Ω		□正常　□不正常
E2（V1-1）—E2PM（E9-29）	小于 1Ω		□正常　□不正常
PIM（V1-2）或 PIM（E9-12）—车身搭铁	10kΩ 或更大		□正常　□不正常
VC（V1-3）或 VCPM（E9-17）—车身搭铁	10kΩ 或更大		□正常　□不正常
E2（V1-1）或 E2PM（E9-29）—车身搭铁	10kΩ 或更大		□正常　□不正常

正常——更换 ECM。

异常——修理或更换线束或连接器。

任务 2　检修空气流量计

任务目标

1. 能叙述空气流量计的功用和安装位置。

2. 能确认空气流量计的故障现象。

3. 会识读空气流量计的电路图。

4. 能进行空气流量计的检测。

5. 会更换空气流量计。

 任务引入

一辆丰田卡罗拉轿车，配置 1ZR-FE 发动机，出现怠速不稳、动力下降、尾气排放超标等故障。维修技师通过检查，读取到空气流量计的故障代码，现需要制订空气流量计故障检修的作业计划，并实施作业计划排除故障。

 资料准备

1. 丰田卡罗拉轿车。
2. 丰田卡罗拉轿车维修手册。
3. 汽车智能故障诊断仪。
4. 万用表。
5. 汽车维修常用工具。

 相关知识

一、空气流量计功用

空气流量计（Mass Air Flow，简称 MAF）用于检测吸入气缸的空气质量，转换为电压信号送给 ECM，作为决定喷油量和点火正时的主控信号。

二、空气流量计安装位置

丰田卡罗拉 1ZR-FE 发动机的空气流量计安装在空气滤清器和节气门之间，如图 3-2-1 所示，以便测量进入发动机气缸的所有空气流量。

图 3-2-1　空气流量计的安装位置

三、空气流量计分类

空气流量计可分为叶片式空气流量计、卡门漩涡式空气流量计、热线式空气流量计和热膜式空气流量计。由于叶片式空气流量计和卡门漩涡式空气流量计检测精度较低，已经被淘汰。

四、空气流量计工作原理

1. 热线式空气流量计

（1）结构

热线式空气流量计主要由铂热线、热敏电阻、控制电路板、进气温度传感器和流量计壳体等组成，如图 3-2-2 所示。

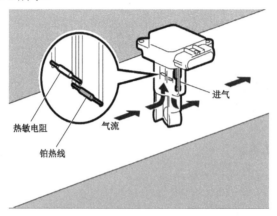

图 3-2-2　热线式空气流量计结构图

（2）热线式空气流量计工作原理

热线式空气流量计的工作电路如图 3-2-3 所示，由热敏电阻 Ra、铂热线 Rh、R1、R2 组成惠斯顿电桥电路，功率放大器控制使 A 和 B 两点的电压保持相等，以便将温度维持在预定温度。

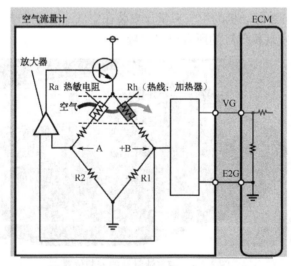

图 3-2-3　热线式空气流量计的工作电路

热线是一根暴露在进气流中的铂热线。发动机工作时，控制电路对铂热线进行加热至某一温度，进气流对热线有冷却作用，使热线的温度降低。为了保持热线原来的温度，控制电路需增大加热电流。则进气量越大，热线需要的加热电流就越大。控制电路将加热电流的变化转变为电压的变化，作为进气量信号输出。

进气温度的变化会使热线温度发生改变（进气温度低时，同样质量的空气带走铂热线的热量增多），从而影响进气量的测量精度。为了消除这种影响，在热线附近安装一根温度补偿电阻，冷线温度接近进气温度。工作时，控制电路使热线温度始终高于冷线一个固定温度，如 100℃，这样冷线温度起到参考标准作用，使进气温度的变化不会影响到传感器的测量精度。

为了消除铂热线上附着的灰尘对测量精度的影响。当 ECM 接收到发动机熄火信号时，ECM 将热丝加热到 1000℃并持续 1s，使附着在热丝上的灰尘烧掉。

2. 热膜式空气流量计

热膜式空气流量计是热线式空气流量计的改进产品，其发热元件采用平面形铂金属膜电阻器，故称为热膜电阻，如图 3-2-4 所示。热膜电阻是在氧化铝陶瓷基片上采用蒸发工艺形成铂金属薄膜，在其表面覆盖一层绝缘保护膜，再引出电极而成的。在空气流量计内部的进气通道上设有一个矩形护套，热膜电阻位于护套中。在护套的空气入口侧设有空气过滤层，过滤空气中的污物。

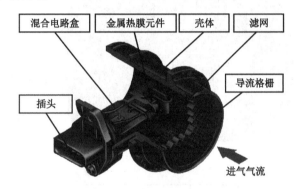

图 3-2-4　热膜式空气流量计结构图

为了防止进气温度变化使测量精度受到影响，在热膜电阻附近设有温度补偿电阻。温度补偿电阻和热膜电阻组成电桥控制电路，控制原理与热线式空气流量计相同。

与热线式空气流量计相比，热膜电阻的阻值较大，所以消耗电流较小，使用寿命较长。但是，由于其发热元件表面制作有一层绝缘保护膜，虽然不会因沾有尘埃而影响测量精度，但存在辐射热传导作用，因此响应特性稍差。

3. 大众新型热膜式空气流量计

大众汽车公司 3.0 VR6 FSI 发动机的空气流量计 G70 如图 3-2-5 所示，3.0 VR6 FSI 发动机使用的是热膜式空气流量计。流量计安装在发动机的进气道内，也是根据热量测量的原理来工作的。

（1）空气流量计 G70 的特点
● 带有回流识别的微型传感器元件。
● 具有温度补偿的信号处理。
● 测量精度高。

● 传感器稳定性好。

（2）空气流量计 G70 各端子的作用（图 3-2-5）

传感器端子 1：接电源；

传感器端子 2：接地；

传感器端子 3：温度信号（热车后大约 1.1V）；

传感器端子 4：温度参考频率信号（信号为方波，如图 3-2-6 所示）；

传感器端子 5：空气质量信号（信号为方波，随着进气量增加频率增加，如图 3-2-7 所示）。

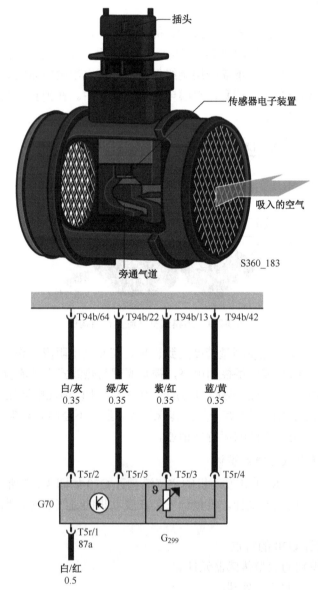

图 3-2-5　3.0 VR6 FSI 发动机的空气流量计

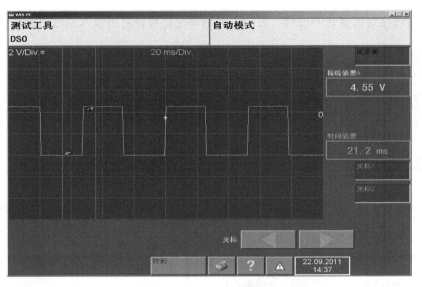

图 3-2-6　温度参考频率信号

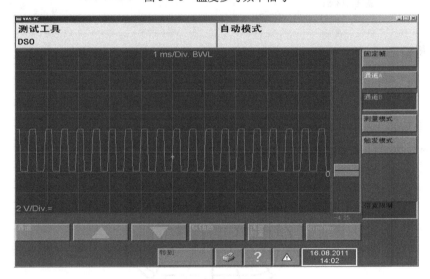

图 3-2-7　空气质量信号

（3）回流识别的微型传感器工作原理

空气流量计的回流识别传感器元件安装在发动机吸入的气流中，如图 3-2-8 所示，一部分空气流经空气流量计的旁通气道，旁通气道内有传感器电子装置，该电子装置上集成有一个加热电阻和两个温度传感器。

两个温度传感器用来识别空气的流动方向：

吸入的空气首先经过温度传感器 1，接着经过加热电阻对经过的气流加热，再经过温度传感器 2，如图 3-2-8 所示。

从关闭的气门回流的空气首先经过温度传感器 2，接着经过加热电阻对经过的气流加热，再经过温度传感器 1，如图 3-2-9 所示。

如果温度传感器 2 检测到气流的温度高于温度传感器 1 的温度，则表示正处于吸入空气的过程；如果温度传感器 1 检测到气流的温度高于温度传感器 2 的温度，则表示正处于空气回流经过空气流量计的过程；发动机控制单元就可计算出吸入空气中的氧含量。

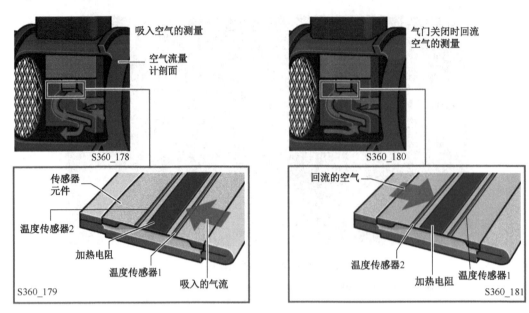

图 3-2-8　吸入气流流向　　　　　　　图 3-2-9　回流气流流向

五、空气流量计电路分析

丰田卡罗拉 1ZR-FE 发动机空气流量计电路分析。

1. 空气流量计线束插头（图 3-2-10）

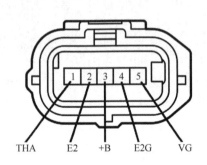

图 3-2-10　空气流量计线束插头

功能如下：

1 号端子——进气温度传感器温度信号 THA；

2 号端子——进气温度传感器搭铁 E2；

3 号端子——空气流量计+12V 电源+B；

4 号端子——空气流量计搭铁 E2G；

5 号端子——空气流量计信号输出 VG。

2. 卡罗拉 1ZR-FE 发动机空气流量计工作电路（图 3-2-11）

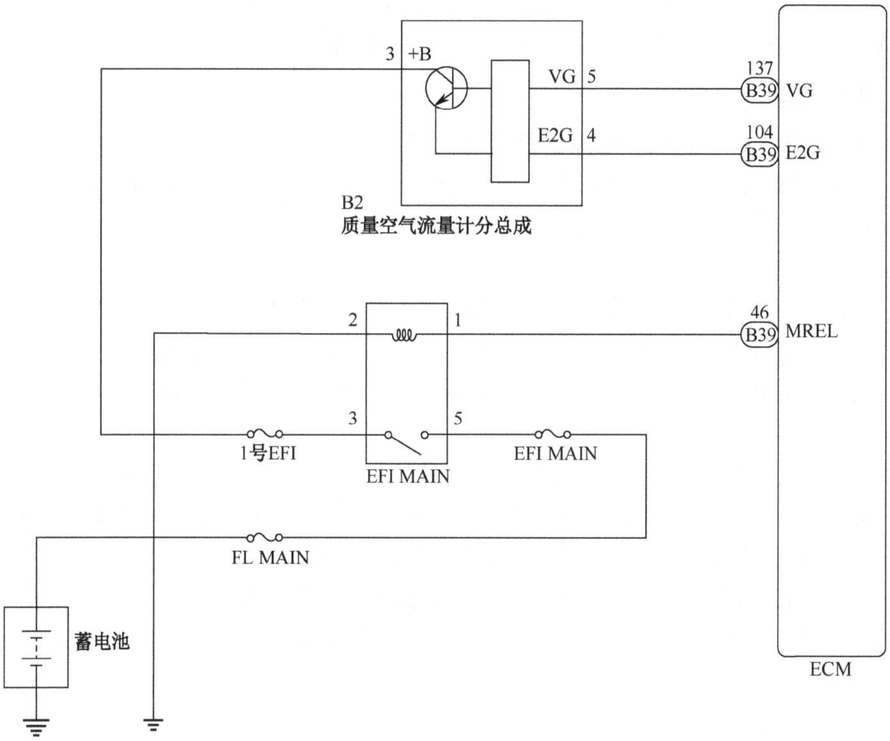

图 3-2-11　卡罗拉空气流量计工作电路

（1）空气流量计供电电路

蓄电池正极→FL MAIN 保险丝→EFI MAIN 保险丝→EFI MAIN 继电器触点→1 号 EFI 保险丝→空气流量计 3 号端子→空气流量计内部电路→空气流量计 4 号端子→ECM 内部电路→ECM 搭铁。

（2）空气流量计信号输出电路

空气流量计 5 号端子→ECM B39 连接器 137 号端子→ECM 内部电路。

六、空气流量计失效保护

丰田卡罗拉轿车空气流量计出现故障时，进入失效保护模式，ECM 根据发动机转速和节气门位置计算点火正时。

 任务实施

一、空气流量计常见故障及判断

1. 空气流量计的故障类型

空气流量计的故障有两大类：一类是信号超出规定的范围，另一类是信号不准确。

（1）信号超出规定范围。

进入失效保护模式，ECM 根据发动机转速和节气门位置计算点火正时。

发动机怠速不稳故障诊断与排除

（2）信号不准确。

空气流量计信号不准确，产生的危害性可能比没有信号更大，因为 ECM 按照不准确的空气流量信号控制喷油量，造成混合气过稀或者过浓。

2．空气流量计的检测方法

（1）通过拔下空气流量计连接器判断其性能。

① 如果故障现象没有变化，说明空气流量计已经损坏。因为 ECM 确认空气流量计失效后，进入失效保护模式。此时有没有空气流量计的结果是一样的，所以故障现象没有变化。

② 如果故障现象有所减轻，说明空气流量计的信号不准确。由于空气流量信号处在有效范围之内，ECM 按照失准的信号控制喷油量，引起明显的故障现象。拔下空气流量计的连接器后，ECM 认为空气流量计失效，进入失效保护模式，所以发动机的工作状况有所好转。

③ 如果故障现象有所恶化，说明空气流量计正常。因为在拔下插头前，ECM 按照正常的空气流量计信号控制喷油量。拔下插头后，ECM 改用节气门位置传感器信号控制喷油，由于后者的控制精度不如前者高，所以故障现象有所恶化。

由于空气流量计信号是控制空燃比的主要依据，所以可以使用尾气分析仪测量发动机尾气成分，如果与标准值相差太大，则可能是空气流量计性能不良引起的故障。

（2）静态测试法。

将点火开关置于 ON 位置，在发动机不运转的情况下，用吹风机向空气流量计吹入不同流速和不同温度的空气，检测空气流量计信号电压的特性是否满足下列要求：当进气温度不变的情况下，随着进气流速的增加，传感器的输出电压也增加；当进气流速不变的情况下，随着进气温度的增加，传感器的输出电压将下降。

（3）动态测试法。

在发动机运行过程中，测量不同负荷条件下，空气流量计信号电压的特点是否满足要求。

【提示】在有些车型上，如通用别克轿车，其空气流量计在信号输出电路上增加了信号处理单元，使传感器的输出信号不再是模拟信号，而转变成数字信号。

（4）空气流量计数据流分析。

通过分析空气流量计的数据流，可以判断发动机进气系统是否存在漏气现象。在正常情况下，怠速时空气流量信号数据为 2.5g/s 左右，若小于 2.0g/s，说明进气系统存在漏气；若大于 4.0g/s，说明发动机存在额外负荷。

3．空气流量计的维修要点

（1）热线和热膜脏污后的清洗。

如果发动机存在"回火"故障，会对空气流量计造成严重危害。由于发动机的气流在进气歧管内逆向流动（即"回火"），其中含有碳颗粒，这些碳颗粒容易黏附在空气流量计的感应元件上，并产生如下后果：在怠速时，空气流量计的信号偏大，而在加速及大负荷时信号偏小。

（2）进气管路漏气。

进气管路漏气包括：进气管破裂，真空软管松脱，进气歧管与气缸盖密封不严。如果存在以上情况，部分空气将不经过空气流量计的计量而直接进入气缸，最终导致发动机混合气失调。

二、丰田卡罗拉轿车空气流量计的故障排除步骤

（1）步骤一：使用智能检测仪读取空气流量计的数据流。

① 将智能检测仪连接到 DLC3 上。

② 将点火开关置于 ON 位置。

③ 打开智能检测仪。

④ 读取空气流量计的数据流，见表 3-2-1。

表 3-2-1　空气流量计的数据流对应故障

结　果	故　障	转　至
质量空气流率为 0mg/s	质量空气流量计分总成电源电路开路 VG 电路开路或短路	步骤二
质量空气流率为 271mg/s 或更大	E2G 电路开路	步骤六
质量空气流率在 0 和 271mg/s 之间		检测间歇性故障

（2）步骤二：检查质量空气流量计（电源电压）。

① 断开空气流量计连接器，如图 3-2-12 所示。

② 将点火开关置于 ON 位置。

③ 按表 3-2-2 所示检测空气流量计连接器的电源电压并记录。

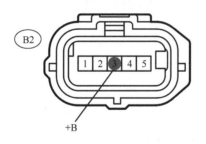

图 3-2-12　空气流量计连接器

表 3-2-2　检测空气流量计连接器的电源电压

检测仪连接	标准值	测量值	维修意见
+B（B2-3）—车身接地	11～14 V		□正常　□不正常

正常——转至步骤三。

异常——转至步骤五。

（3）步骤三：检查质量空气流量计（VG 电压），如图 3-2-13 所示。

① 断开空气流量计连接器。

② 向端子+B 和 E2G 之间施加蓄电池电压。

③ 按表 3-2-3 所示检测空气流量计的 VG 信号电压并记录。

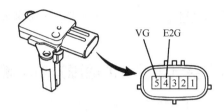

图 3-2-13　空气流量计端子

表 3-2-3　检测空气流量计的 VG 信号电压

检测仪连接	标准值	测量值	维修意见
VG（B2-5）—E2G（B2-4）	0.2～4.9 V		□正常　□不正常

正常——转至步骤四。

异常——更换空气流量计。

（4）步骤四：检查线束和连接器（质量空气流量计—ECM）。

① 断开空气流量计连接器。

② 断开 ECM 连接器，如图 3-2-14 所示。

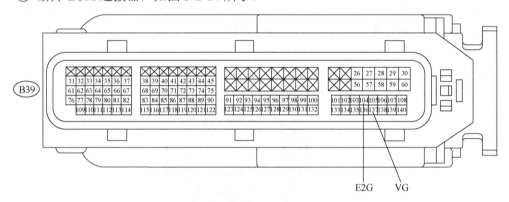

图 3-2-14　空气流量计和 ECM 连接器

③ 按表 3-2-4 所示检测空气流量计与 ECM 之间线束的电阻并记录。

表 3-2-4　检测空气流量计与 ECM 之间线束的电阻

检测仪连接	标准值	测量值	维修意见
VG（B2-5）—VG（B39-137）	小于 1 Ω		□正常　□不正常
E2G（B2-4）—E2G（B39-104）	小于 1 Ω		□正常　□不正常
VG（B2-5）或 VG（B39-137）—车身接地	10kΩ 或更大		□正常　□不正常

正常——更换 ECM。

异常——维修或更换线束或连接器（空气流量计至 ECM）。

（5）步骤五：检查保险丝（EFI No.1）。

① 从发动机室继电器盒上拆下 EFI No.1 保险丝，如图 3-2-15 所示。

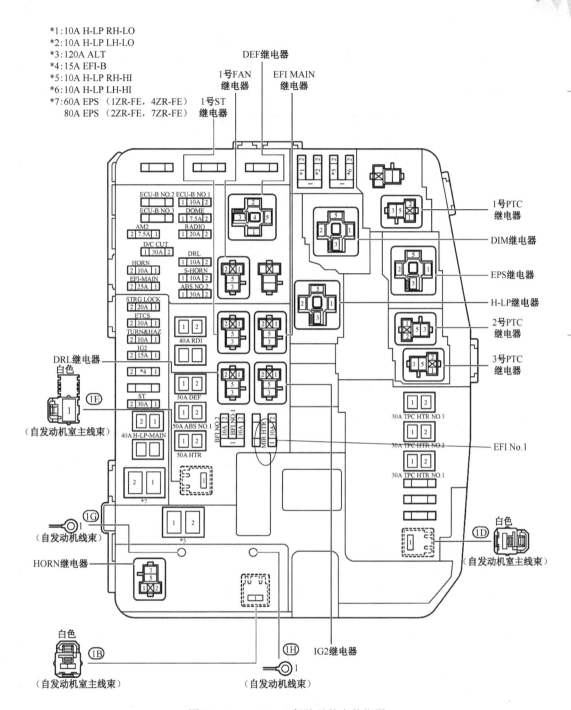

*1:10A H-LP RH-LO
*2:10A H-LP LH-LO
*3:120A ALT
*4:15A EFI-B
*5:10A H-LP RH-HI
*6:10A H-LP LH-HI
*7:60A EPS（1ZR-FE，4ZR-FE）
　　80A EPS（2ZR-FE，7ZR-FE）

图 3-2-15　EFI No.1 保险丝的安装位置

② 按表 3-2-5 所示检测 EFI No.1 保险丝的电阻并记录。

表 3-2-5 检测 EFI No.1 保险丝的电阻

检测仪连接	标准值	测量值	维修意见
EFI No.1 保险丝	小于 1Ω		□正常 □不正常

正常——维修或更换线束或连接器（空气流量计—EFI 继电器）。

异常——更换保险丝（EFI No.1）。

（6）步骤六：检查线束和连接器（传感器搭铁）。

① 断开空气流量计连接器，如图 3-2-16 所示。

② 按表 3-2-6 所示检测空气流量计的 E2G 与车身搭铁之间的电阻并记录。

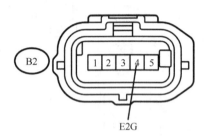

图 3-2-16 空气流量计连接器

表 3-2-6 检测空气流量计的 E2G 与车身搭铁之间的电阻

检测仪连接	标准值	测量值	维修意见
E2G（B2-4）—车身接地	小于 1Ω		□正常 □不正常

正常——更换空气流量计。

异常——转至步骤七。

（7）步骤七：检查线束和连接器（空气流量计—ECM）。

① 断开空气流量计连接器。

② 断开 ECM 连接器。

③ 按表 3-2-7 所示检测空气流量计与 ECM 之间线束的电阻并记录。

表 3-2-7 检测空气流量计与 ECM 之间线束的电阻

检测仪连接	标准值	测量值	维修意见
E2G（B2-4）—E2G（B39-104）	小于 1Ω		□正常 □不正常
E2G（B2-4）或 E2G（B39-104）—车身接地	10 kΩ 或更大		□正常 □不正常

正常——更换 ECM。

异常——维修或更换线束或连接器（空气流量计—ECM）。

发动机怠速不稳故障诊断与排除

任务 3　检修怠速控制阀

 任务目标

1. 能叙述怠速控制系统的作用。
2. 能叙述怠速控制系统的控制方式。
3. 能叙述怠速控制阀的类型。
4. 能根据给定的工作计划对怠速控制阀进行检查，并判断其好坏。
5. 能按照作业规范排除怠速控制阀的故障。

 任务引入

一辆丰田威驰轿车，配置 2SZ-FE 发动机，出现怠速不稳的故障。通过维修技师的检验，使用汽车故障诊断仪读取到怠速控制系统工作不良的相关故障代码，需对怠速控制系统进行检查，确定故障部位，并维修或更换。

 资料准备

1. 丰田威驰轿车。
2. 丰田威驰轿车维修手册。
3. 汽车智能故障诊断仪。
4. 万用表。
5. 汽车电控发动机实训台架。

 相关知识

怠速控制系统（ISC）用于控制发动机的怠速运转。怠速控制系统出现故障，发动机将出现无怠速、怠速过高、怠速过低、怠速不稳等故障，还会造成发动机油耗增加、排放超标等。

 小词典

怠速：加速踏板完全松开，发动机对外无功率输出，并保持最低转速稳定运转的工况。

一、怠速控制系统的作用

怠速控制阀的作用是调节通过节气门的进气量，控制发动机怠速转速。

1. 启动控制

ECM 接到启动信号（STA），确定发动机将启动，ECM 将根据发动机转速信号和冷却液温度信号，控制怠速控制阀或节气门的开度，使发动机更容易启动。

2. 暖机控制

发动机启动后，ECM 根据冷却液温度，调节怠速控制阀的开度，控制发动机的怠速转速，保证发动机在低温时怠速稳定，同时使发动机尽快地上升到正常工作温度。

3. 反馈控制

ECM 将发动机转速和储存在 ECM 内的目标怠速转速相比较。然后控制怠速控制阀或节气门，将发动机怠速转速调整到目标怠速转速。

4. 其他控制

当突然松开加速踏板时，ECM 控制怠速控制阀或节气门，防止发动机转速过低；当开启空调时，ECM 控制怠速控制阀或节气门，提高发动机转速。

二、怠速控制系统的控制方式

怠速控制系统的控制方式主要分为两种基本类型。

1. 旁通空气式

旁通空气式如图 3-3-1（a）所示，控制节气门旁通空气流量，使用这种控制方式的车型：2007 款丰田威驰轿车等。

2. 节气门直动式

节气门直动式如图 3-3-1（b）所示，直接控制节气门关闭位置。这种方式使用较普遍，代表车型：卡罗拉轿车、速腾轿车等。

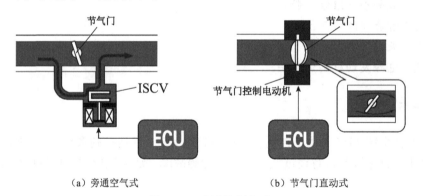

（a）旁通空气式　　　　　　　　　（b）节气门直动式

图 3-3-1　怠速控制方式

目前常见的怠速控制系统为节气门直动式的电子节气门系统，电子节气门系统取消了怠速调节阀，直接由控制单元调节节气门开度来实现车辆的怠速控制。

三、怠速控制阀的分类和工作原理

1. 线性电磁阀式怠速控制阀

通过 ECM 控制占空比信号，改变电磁线圈的磁场强度，使阀门上升，改变空气旁通道的开启面积，从而控制进气量，控制怠速转速，如图 3-3-2 所示。

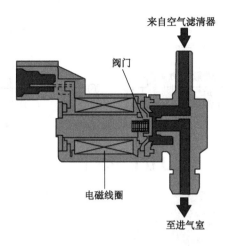

图 3-3-2　线性电磁阀式怠速控制阀

小词典

占空比指在一个通电周期内，高电位时间所占的比率，如图 3-3-3 所示。

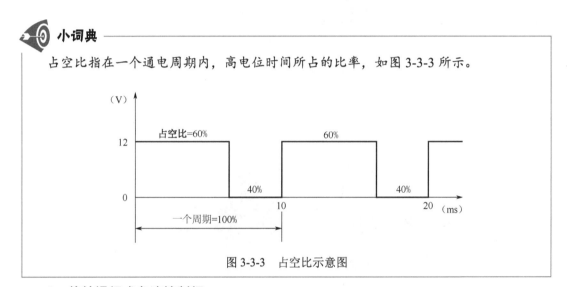

图 3-3-3　占空比示意图

2．旋转滑阀式怠速控制阀

由一组电磁线圈、IC 集成电路、永久磁铁和阀门等组成，如图 3-3-4 所示。根据发动机 ECU 输出的占空比，使电动机带动滑阀转动，改变空气旁通道的开启面积，从而控制进气量，控制怠速转速。

3．步进电动机式怠速控制阀

同步步进电动机带动阀芯转动，改变阀芯的高度，以改变阀芯与阀座之间的间隙，改变空气旁通道的开启面积，从而控制进气量，控制怠速转速，如图 3-3-5 所示。

步进电动机的转子由永久磁铁制成，定子则由 16 对磁极（共 32 个磁极）构成。

（1）按照 C1—C2—C3—C4 的顺序给 4 组线圈通电，则转子向顺时针方向逐步转动，怠速阀逐步打开。

（2）按照 C4—C3—C2—C1 的顺序给 4 组线圈通电，则转子向逆时针方向逐步转动，怠速阀逐步关闭。

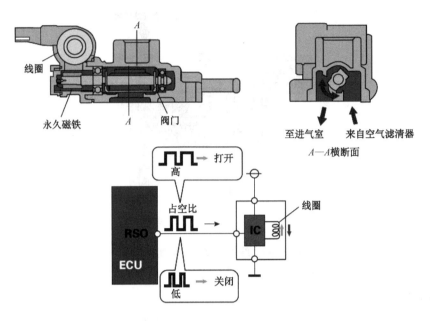

图 3-3-4　旋转滑阀式怠速控制阀

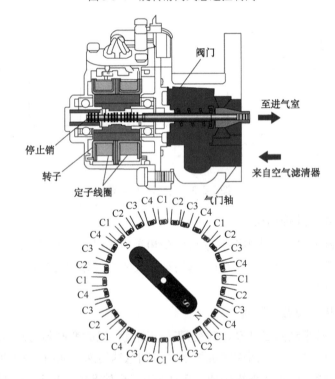

图 3-3-5　步进电动机式怠速控制阀

4．节气门直动式怠速控制系统

怠速电动机经过减速装置减速后，直接控制节气门开启程度，调节空气流通的面积，实现怠速控制，如图 3-3-6 所示。

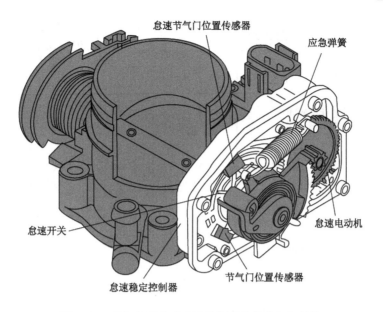

图 3-3-6　节气门直动式怠速控制系统的节气门结构

四、怠速控制阀安装位置

怠速控制阀一般安装在节气门体的侧面，如图 3-3-7 所示。

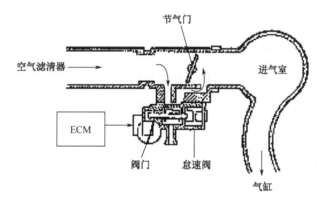

图 3-3-7　丰田威驰 2SZ-FE 发动机怠速控制阀安装位置

五、怠速控制阀的电路分析

丰田威驰 2SZ-FE 发动机怠速控制阀控制电路如图 3-3-8 所示。

1. 怠速控制阀供电电路

蓄电池正极→MAIN 保险丝→EFI MAIN 保险丝→EFI MAIN 继电器触点→怠速控制阀（IAC 阀）2 号端子→怠速控制阀内部电路→怠速控制阀 3 号端子→搭铁。

2. 怠速控制阀控制信号（占空比信号）

ECM 内部电路→ECM 的 E10 连接器 13 号端子→怠速控制阀 1 号端子。

ECM 输出的怠速控制阀占空比越大，怠速控制阀的开度越小；占空比越小，怠速控制阀的开度越大。

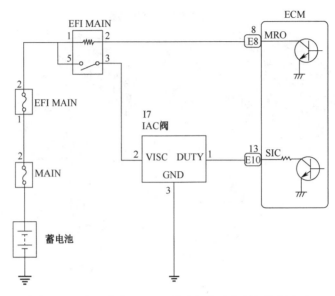

图 3-3-8　丰田威驰 2SZ-FE 发动机怠速控制阀控制电路

六、怠速控制阀失效保护

丰田威驰轿车怠速控制阀出现故障时，进入失效保护模式，怠速控制阀保持较大的开度，发动机在高怠速运转，防止发动机熄火，保证车辆还能继续行驶。

任务实施

丰田威驰轿车怠速控制阀（IAC 阀）的故障排除

（1）步骤一：使用智能检测仪读取空气流量计的数据流。

① 将智能检测仪连接到 DLC3 上。

② 将点火开关置于 ON 位置。

③ 打开智能检测仪。

④ 启动发动机预热至正常工作温度。

⑤ 关闭所有附件和空调。

⑥ 将换挡杆换至 N 挡。

⑦ 在检测仪上对怠速控制阀进行行动作测试。

⑧ 使用智能检测仪改变怠速控制阀的占空比时，检测发动机转速的变化情况。

正常：发动机转速根据怠速控制阀占空比的变化而波动。

正常——检查间歇性故障。

异常——转至步骤二。

（2）步骤二：检查怠速控制阀（电源电压）。

① 断开怠速控制阀连接器 I7，如图 3-3-9 所示。

② 将点火开关置于 ON 位置。

③ 按表 3-3-1 所示检测怠速控制阀连接器侧的电源电压并记录。

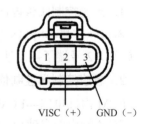

VISC（＋）　　GND（－）

图 3-3-9　怠速控制阀连接器 I7

表 3-3-1　检测怠速控制阀的电源电压

检测仪连接	标准值	测量值	维修意见
VISC（I7-2）—GND（I7-3）	11～14V		□正常　□不正常

正常——转至步骤三。

异常——修理或更换线束或连接器。

（3）步骤三：检查线束和连接器（怠速控制阀—ECM）

① 断开怠速控制阀连接器 I7，如图 3-3-10 所示。

② 断开 ECM 连接器 E10，如图 3-3-11 所示。

③ 按表 3-3-2 所示检测怠速控制阀与 ECM 之间线束的电阻并记录。

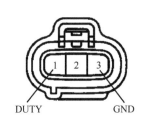

图 3-3-10　怠速控制阀连接器 I7

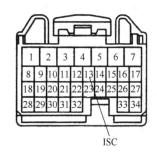

图 3-3-11　ECM 连接器 E10

表 3-3-2　检测怠速控制阀与 ECM 之间线束的电阻

检测仪连接	标准值	测量值	维修意见
DUTY（I7-1）—ISC（E10-13）	小于 1Ω		□正常　□不正常
GND（I7-3）—车身搭铁	小于 1Ω		□正常　□不正常
DUTY（I7-1）或 ISC（E10-13）—车身搭铁	大于 10kΩ 或更大		□正常　□不正常

正常——转至步骤四。

异常——修理或更换线束或连接器。

（4）步骤四：检查怠速控制阀。

① 断开怠速控制阀连接器 I7。

② 按表 3-3-3 所示检测怠速控制阀端子间的电阻并记录。

由于怠速控制阀内有一个集成电路，不能直接测量到怠速控制阀线圈的电阻。只能测量端子之间的阻值与正常值进行对比，判断集成电路是否烧坏。

表 3-3-3　检测怠速控制阀的电阻

检测仪连接	标准值	测量值	维修意见
DUTY（1）—GND（3）	1.5～2kΩ		□正常　□不正常
VISC（2）—GND（3）	2.5～3kΩ		□正常　□不正常
DUTY（1）—VISC（2）	1.0～1.5kΩ		□正常　□不正常

正常——更换 ECM。

异常——更换怠速控制阀。

任务4　检修电子节气门体

 任务目标

1．能叙述节气门位置传感器的功用和安装位置。

2．能确认节气门位置传感器的故障现象。

3．会识读电子节气门的电路图。

4．能按照作业规范排除电子节气门的故障。

5．会清洗节气门，并匹配节气门。

6．会拆卸与安装节气门体。

 任务引入

　　一辆丰田卡罗拉轿车，配置 1ZR-FE 发动机，出现怠速不稳，严重时会熄火的故障。维修技师使用汽车故障诊断仪读取到节气门位置传感器工作不良的相关故障代码，需对节气门系统进行检查，确定故障部位，并维修或更换。

 资料准备

1．丰田威驰轿车。

2．丰田威驰轿车维修手册。

3．汽车智能故障诊断仪。

4．万用表。

5．汽车电控发动机实训台架。

 相关知识

一、电子节气门控制系统的组成及作用

　　为了提高汽车行驶的安全性、动力性、平稳性及经济性，并减少排放污染，大部分轿车使用电子节气门控制系统（Electric Throttle Control System，简称 ETCS，也称 Electric Power Control System，简称 EPC）。采用电子节气门控制系统，不仅可以迅速获得良好的操控性能，还可实现怠速控制、巡航控制和车辆稳定控制等集成，简化了控制系统的结构。电子节气门控制系统的组成及作用见表 3-4-1。

表 3-4-1　电子节气门控制系统的组成及作用

元件名称	作　用	元件实物
加速踏板位置传感器	用来确定加速踏板位置，并将踏板位置信号传递给 ECM	
ECM	接收加速踏板位置传感器信号，根据信号电压，计算所需动力。并根据急加速、空调、自动变速器起步的扭矩信号，计算出实际的节气门开度，同时还监控节气门的开度信号，出现故障时点亮故障灯	
节气门控制单元	控制所需进气量，根据控制系统提供信号调节节气门开度，反馈节气门信号	内置于 ECM
节气门位置传感器与节气门体执行器	检测节气门的开度，控制单元根据控制信号与该传感器的反馈信号，判断该系统的工作是否正常；控制单元通过控制节气门执行器电动机的运转，来控制节气门的开启角度	
节气门故障灯（大众车型仪表 EPC 灯）	当电子节气门控制系统出现故障时，点亮 EPC 故障灯，提醒驾驶员	

二、电子节气门结构与原理

1. 电子节气门结构

电子节气门内部有节气门执行器、减速齿轮和节气门位置传感器等，如图 3-4-1 所示。

减速齿轮　　节气门控制马达

节气门位置传感器

图 3-4-1　卡罗拉轿车电子节气门结构

2．电子节气门位置传感器

节气门位置传感器安装在节气门体总成上，用于检测节气门开度。卡罗拉轿车 1ZR-FE 发动机节气门位置传感器为非接触型，使用霍尔效应元件，在极端的驾驶条件下，如高速和极低速时，也能生成精确的信号。霍尔元件安装在外壳上，固定不动；永久磁铁安装在减速齿轮上，随节气门一起转动，如图 3-4-2 所示。

丰田卡罗拉 1ZR-FE 发动机节气门位置传感器有两个传感器电路 VTA1 和 VTA2，各传送一个信号，其中 VTA1 用于检测节气门开度，VTA2 用于检测 VTA1 的故障，如图 3-4-2 所示。传感器信号电压与节气门开度成比例，在 0～5V 变化，并且传输至 ECM 端子 VTA1 和 VTA2。

当节气门关闭时，传感器输出电压降低；当节气门开启时，传感器输出电压升高。ECM 根据这些信号来计算节气门开度，并响应驾驶员输入来控制节气门执行器。这些信号同时也用来计算空燃比修正值、功率提高修正值和燃油切断控制。

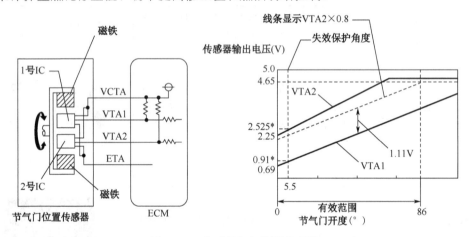

图 3-4-2　电子节气门位置传感器

节气门位置传感器端子 VTA1 传输的节气门开度以百分比形式表示。

10%～22%：节气门全关；

64%～96%：节气门全开；

约 18.2%：失效保护角度（5.5°）。

3．节气门执行器

ECM 通过调节 PWM 信号的占空比，来控制直流电动机转角的大小，电动机方向则是由和节气门相连的复位弹簧控制的。电动机输出的转矩和 PWM 信号的占空比成正比。当占空比一定，电动机输出转矩和回位弹簧阻力矩保持平衡时，节气门开度不变；当占空比增大时，电动机驱动力矩克服回位弹簧阻力矩，节气门开度增大；反之，当占空比减小时，电动机输出力矩和节气门开度也随之减小。

节气门位置传感器将反馈信息发送至 ECM。通过这些反馈信息，ECM 可以在响应驾驶员输入时正确控制节气门执行器并监视节气门开度。

三、电子节气门系统工作过程

驾驶员操纵加速踏板，加速踏板位置传感器产生相应的电压信号输入节气门控制单元，如图 3-4-3 所示，控制单元首先对输入的信号进行滤波，以消除环境噪声的影响，然后根据当前的工作模式、踏板移动量和变化率解析驾驶员的意图，计算出对发动机扭矩的基本需求，得到相应的节气门转角的基本期望值。然后经过 CAN 总线和整车控制单元进行通信，获取其他工况信号及各种传感器信号，如发动机转速、挡位、节气门位置、空调等信号，由此计算出整车所需的全部扭矩，通过对节气门转角期望值进行补偿，得到节气门的最佳开度，并把相应的电压信号发送到驱动电路模块，驱动控制电动机使节气门达到最佳的开度位置。节气门位置传感器则把节气门的开度信号反馈给节气门控制单元，形成闭环控制。

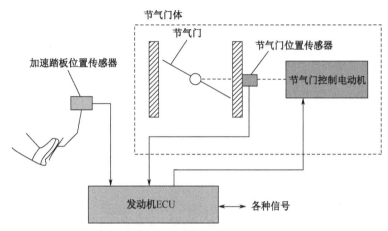

图 3-4-3　电子节气门系统的工作过程

四、电子节气门控制电路分析

1. 丰田卡罗拉 1ZR-FE 发动机节气门执行器控制电路（图 3-4-4）

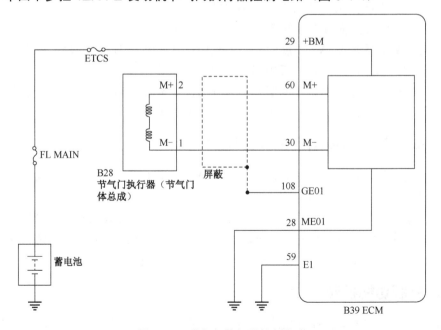

图 3-4-4　节气门执行器控制电路

（1）节气门执行器电源电路

蓄电池正极→FL MAIN 保险丝→ETCS 保险丝→ECM B39 连接器 29 号端子→ECM 内部电路（节气门控制单元）→ECM B39 连接器 28 号端子→搭铁。

（2）节气门执行器控制电路

ECM 内部电路（节气门控制单元）输出占空比信号→ECM B39 连接器 60 号端子→节气门执行器 B28 连接器 2 号端子→节气门执行器→节气门执行器 B28 连接器 1 号端子→ECM B39 连接器 30 号端子。

2. 丰田卡罗拉 1ZR-FE 发动机节气门位置传感器工作电路（图 3-4-5）

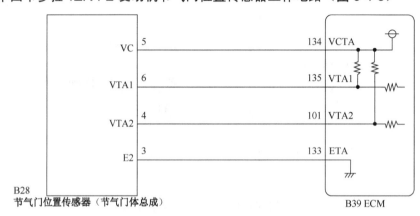

图 3-4-5　电子节气门位置传感器工作电路

（1）节气门位置传感器电源电路

ECM 内部 5V 稳压电路→ECM B39 连接器 134 号端子→节气门位置传感器 B28 连接器 5 号端子→节气门位置传感器内部电路→节气门位置传感器 B28 连接器 3 号端子→ECM B39 连接器 133 号端子→ECM 内部电路→搭铁。

（2）节气门位置传感器信号电路

节气门位置传感器 VTA1 开度信号→节气门位置传感器 B28 连接器 6 号端子→ECM B39 连接器 135 号端子→ECM 内部电路（节气门控制单元）。

节气门位置传感器 VTA2 开度信号→节气门位置传感器 B28 连接器 4 号端子→ECM B39 连接器 101 号端子→ECM 内部电路（节气门控制单元）。

五、电子节气门控制系统失效保护

若出现任一个与电子节气门控制系统（ETCS）故障有关的其他 DTC（故障代码）时，ECM 进入失效保护模式。失效保护模式期间，ECM 切断流向节气门执行器的电流，且节气门在回位弹簧的作用下，返回到 5.5°节气门开度。然后，ECM 根据加速踏板开度，控制燃油喷射（间歇性燃油切断）和点火正时，以调节发动机输出功率，使车辆保持在最低行驶速度。如果平稳而缓慢地踩下加速踏板，则车辆会缓慢行驶。

六、控制功能扩展

电子节气门可实现多种控制功能，既提高行驶可靠性，又使结构简化，成本降低，主要功能如下。

1．牵引力控制（ASR）

牵引力控制系统又称驱动防滑系统，作用是当汽车加速时将滑移率控制在一定的范围内，从而防止驱动轮打滑。这样既可以提高牵引力，又可保持车辆的行驶稳定性。

控制原理：控制单元采集加速踏板的位置、车轮速度和方向盘转向角度等信号，通过计算求得滑移率，并产生相应的控制电压信号，通过数据总线把信号传送至控制单元。依据此信号，控制单元将减少节气门开度来调整混合气流量，以降低发动机功率，从而防止驱动轮打滑。

2．巡航控制（CCS）

当驾驶员开启巡航控制系统时，驾驶员不用控制加速踏板，车辆将以设定的车速行驶，从而减轻驾驶员的操作强度。

控制原理：设定好巡航车速后，车速传感器将车速信号输入控制单元，控制单元根据行驶阻力的变化，自动调节节气门开度。当汽车行驶阻力增大或车速降低时，控制节气门开度增大；反之，控制节气门开度减小，使车速保持在设定范围内。

3．怠速控制（ISC）

电子节气门系统取消了怠速控制阀，而是由控制单元通过节气门执行器，直接调节节气门开度大小，来实现车辆的怠速控制。

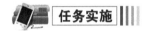 任务实施

一、丰田卡罗拉轿车节气门位置传感器的故障排除

（1）步骤一：使用智能检测仪读取节气门位置传感器的数据流。

① 将智能检测仪连接到 DLC3 上。

② 将点火开关置于 ON 位置。

③ 打开智能检测仪。

④ 读取节气门位置传感器的数据流并记录相关数据，见表 3-4-2。

表 3-4-2　读取节气门位置传感器数据流

完全松开加速踏板时		完全踩下加速踏板时		故障部位	转至
VTA1	VTA2	VTA1	VTA2		
0～0.2V	0～0.2V	0～0.2V	0～0.2V	VCTA 电路开路	步骤二
4.5～4.98V	4.5～4.98V	4.5～4.98V	4.5～4.98V	ETA 电路开路	
0～0.2V 或 4.5～4.98V	2.1～3.1V（失效保护）	0～0.2V 或 4.5～4.98V	2.1～3.1V（失效保护）	VTA1 电路对接地开路或短路	
0.6～1.4V（失效保护）	0～0.2V 或 4.5～4.98V	0.6～1.4V（失效保护）	0～0.2V 或 4.5～4.98V	VTA2 电路对接地开路或短路	
0.5～1.1V	2.1～3.1V	3.2～4.8V（非失效保护）	4.6～4.98V（非失效保护）	节气门位置传感器电路正常	步骤四

（2）步骤二：检查线束和连接器（节气门位置传感器—ECM）。

① 断开节气门体总成连接器，如图 3-4-6 所示。

② 断开 ECM 连接器，如图 3-4-7 所示。

③ 按表 3-4-3 所示检测节气门位置传感器与 ECM 之间线束的电阻并记录。

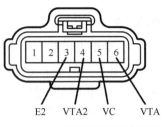

图 3-4-6 节气门体总成连接器

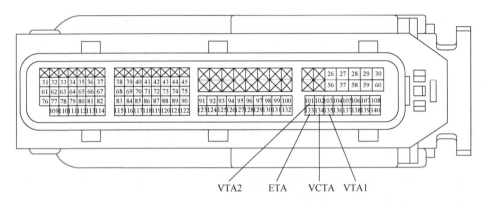

图 3-4-7 ECM 连接器

表 3-4-3 检测节气门位置传感器与 ECM 之间线束的电阻

检测仪连接	标准值	测量值	维修意见
VC（B28-5）—VCTA（B39-134）	小于 1Ω		□正常 □不正常
VTA（B28-6）—VTA1（B39-135）	小于 1Ω		□正常 □不正常
VTA2（B28-4）—VTA2（B39-101）	小于 1Ω		□正常 □不正常
E2（B28-3）—ETA（B39-133）	小于 1Ω		□正常 □不正常
VC（B28-5）或 VCTA（B39-134）—车身接地	10kΩ 或更大		□正常 □不正常
VTA（B28-6）或 VTA1（B39-135）—车身接地	10kΩ 或更大		□正常 □不正常
VTA2（B28-4）或 VTA2（B39-101）—车身接地	10kΩ 或更大		□正常 □不正常

正常——转至步骤三。

异常——维修或更换线束或连接器。

（3）步骤三：检查节气门位置传感器 VC 电压。

① 断开节气门体总成连接器，如图 3-4-8 所示。

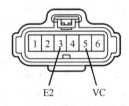

图 3-4-8 节气门位置传感器电源端子

② 将点火开关置于 ON 位置。

③按表 3-4-4 所示检测节气门位置传感器的 VC 电压并记录。

表 3-4-4　检测节气门位置传感器的 VC 电压

检测仪连接	标准值	测量值	维修意见
VC（B28-5）—E2（B28-3）	4.5~5.5V		□正常　□不正常

正常——更换节气门体总成。

异常——更换 ECM。

（4）步骤四：检查是否再次输出 DTC（节气门位置传感器 DTC）。

① 将智能检测仪连接到 DLC3 上。

② 将点火开关置于 ON 位置。

③ 打开智能检测仪。

④ 清除 DTC。

⑤ 将点火开关置于 OFF 位置，并至少等待 30s。

⑥ 将点火开关置于 ON 位置。

⑦ 打开智能检测仪。

⑧ 按照确认行驶模式中所述的行驶模式驾驶车辆。

⑨ 读取 DTC。

正常——系统正常。

异常——更换 ECM。

二、丰田卡罗拉轿车节气门执行器电路的故障排除

（1）步骤一：检查节气门体总成（节气门执行器的电阻），如图 3-4-9 所示。

按表 3-4-5 所示检测节气门执行器的电阻并记录。

表 3-4-5　检测节气门执行器的电阻

检测仪连接	标准值	测量值	维修意见
M+（2）—M-（1）	0.3~100Ω		□正常　□不正常

正常——转至步骤二。

异常——更换节气门总成。

（2）步骤二：检查线束和连接器（节气门体总成—ECM）。

① 断开节气门体总成连接器，如图 3-4-10 所示。

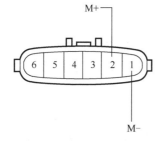

图 3-4-9　节气门执行器端子

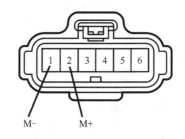

图 3-4-10　节气门体总成连接器

② 断开 ECM 连接器，如图 3-4-11 所示。

③ 按表 3-4-6 所示检测节气门体总成与 ECM 之间线束的电阻并记录。

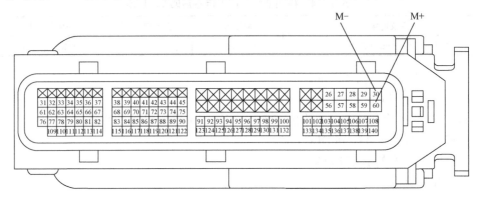

图 3-4-11　ECM 连接器

表 3-4-6　检测节气门体总成与 ECM 之间线束的电阻

检测仪连接	标准值	测量值	维修意见
M+（B28-2）—M+（B39-60）	小于 1Ω		□正常　□不正常
M-（B28-1）—M-（B39-30）	小于 1Ω		□正常　□不正常
M+（B28-2）或 M+（B39-60）—车身接地	10kΩ 或更大		□正常　□不正常
M-（B28-1）或 M-（B39-30）—车身接地	10kΩ 或更大		□正常　□不正常

正常——转至步骤三。

异常——维修或更换线束或连接器。

（3）步骤三：检查节气门体总成（目视检查节气门）。

检查节气门和壳体之间是否有异物。

正常：节气门和壳体之间无异物。

正常——转至步骤四。

异常——清除异物并清洁节气门体总成。

（4）步骤四：检查节气门体总成（节气门）。

检查节气门打开和关闭操作是否平稳。

正常：节气门平稳打开和关闭。

正常——更换 ECM。

异常——更换节气门体总成。

三、节气门的清洗

发动机在工作过程中，出现回火等现象，使节气门产生积碳，如图 3-4-12 所示，造成节气门的开度产生误差，导致发动机出现怠速不稳、动力下降、油耗增加等现象，因此，必须定期清洗节气门。

1．拆卸气缸盖罩

提起气缸盖罩后部以分离 2 个后卡子，提起气缸盖罩前部以分离 2 个前卡子，并拆下气缸盖罩，如图 3-4-13 所示。

【注意】同时分离前后卡子可能会使气缸盖罩破裂。

图 3-4-12 节气门产生积碳

⇨ 首先分离 2 个后卡子 ➡ 然后分离 2 个前卡子

图 3-4-13 拆下气缸盖罩

2．拆卸带空气滤清器软管的空气滤清器盖（图 3-4-14）

（1）断开质量空气流量计分总成连接器，并脱开 2 个线束卡夹。

（2）脱开 2 个空气滤清器盖卡夹。

（3）滑动卡子，并从气缸盖罩分总成上断开 2 号通风软管。

（4）松开软管卡夹，并从节气门体总成上拆下带空气滤清器软管的空气滤清器盖。

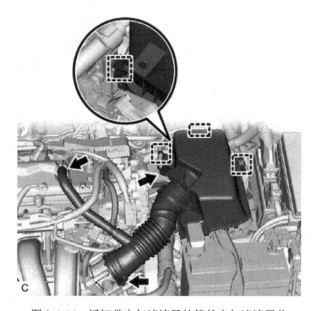

图 3-4-14 拆卸带空气滤清器软管的空气滤清器盖

3．拆卸节气门体总成

分三次拆下 4 个节气门体固定螺栓，从进气歧管上取下节气门体总成，如图 3-4-15 所示。

【注意】如果节气门体总成受到敲击或掉落，则将其更换。

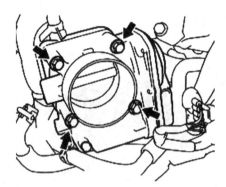

图 3-4-15　拆卸节气门体总成

4. 拆卸节气门体衬垫

从进气歧管上拆下节气门体衬垫，如图 3-4-16 所示。

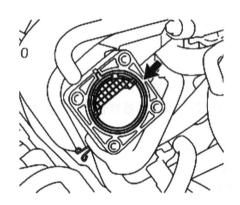
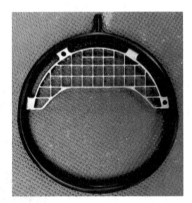

图 3-4-16　拆卸节气门体衬垫

5. 清洗节气门

用手慢慢推开节气门，并在打开的位置用适当的物体（如塑料楔）撑住节气门，如图 3-4-17 所示。用化油器清洗剂和一块非纤维质的抹布彻底清洁节气门内表面，尤其是节气门关闭时封闭区域，如图 3-4-18 所示。

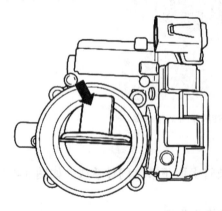
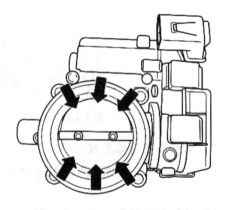

图 3-4-17　用塑料楔撑住节气门　　　　　图 3-4-18　节气门关闭时封闭区域

注意

在清洁时注意不允许刮花节气门内表面。清洁节气门时，不要使用压缩空气，戴好护目镜并穿好防护服，以免伤害和接触皮肤。

6．安装节气门体

把清洁好的节气门安装到发动机进气歧管上，分多次拧紧螺栓，扭矩为 10N•m。

7．安装带空气滤清器软管的空气滤清器盖

（1）将进气软管安装回节气门体上（软管上的缺口需对准节气门体上的凸点，如图 3-4-19 所示），检查软管安装到位后，卡上软管卡夹。

（2）将 2 号通风软管安装回气缸盖罩分总成上，滑动卡子卡上通风软管。

（3）卡上 2 个空气滤清器盖卡夹。

（4）插上质量空气流量计分总成连接器，并将 2 个线束卡卡好。

图 3-4-19　软管上的缺口需对准节气门体上的凸点

8．安装气缸盖罩

按下气缸盖罩前部 2 个前卡子使其卡上，再按下气缸盖罩后部 2 个后卡子使其卡上。

四、电子节气门怠速学习

当清洗节气门体总成后，发动机的怠速会出现过高或游车现象，因此，必须对节气门进行匹配。

1．使用 X431 智能诊断仪对卡罗拉轿车节气门进行匹配（表 3-4-7）

表 3-4-7 卡罗拉轿车节气门匹配步骤

操作步骤	操作截图
（1）选择"特殊功能"	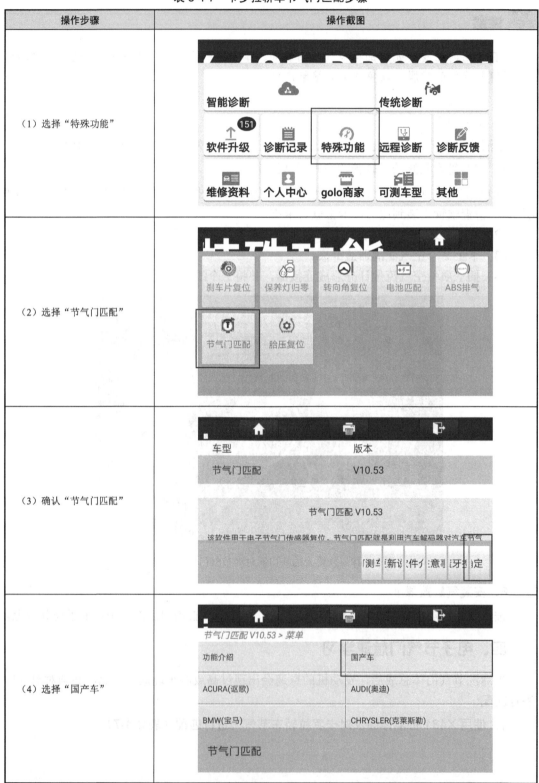
（2）选择"节气门匹配"	
（3）确认"节气门匹配"	
（4）选择"国产车"	

续表

操作步骤	操作截图
（5）选择"一汽丰田"	节气门匹配 V10.53 > 国产车 上海通用　上海大众 一汽轿车　一汽丰田 一汽大众　东风悦达起亚 节气门匹配
（6）选择"自动"	节气门匹配 V10.53 > 国产车 > 一汽丰田 自动　手动 帮助 节气门匹配
（7）选择"学习值复位"	节气门匹配 V10.53 > 国产车 > 一汽丰田 > 自动 学习值复位 节气门匹配
（8）确认"学习值复位"	学习值复位 1.此功能将执行学习值复位。使用此功能前，请参考维修手册。 确认下列条件： -点火开关打开。 -发动机是关闭的。 -蓄电池电压高于9V 取消　确定

操作步骤	操作截图
（9）学习值复位完成	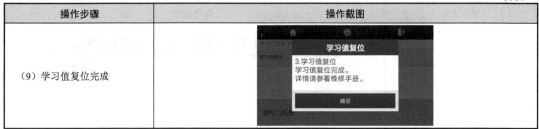

2. 使用手动方法对卡罗拉轿车节气门进行匹配

（1）关闭点火开关。

（2）拔掉 EFI 和 ETCS 保险丝，如图 3-4-20 所示，等待 1min 以上，再装回保险丝即可。

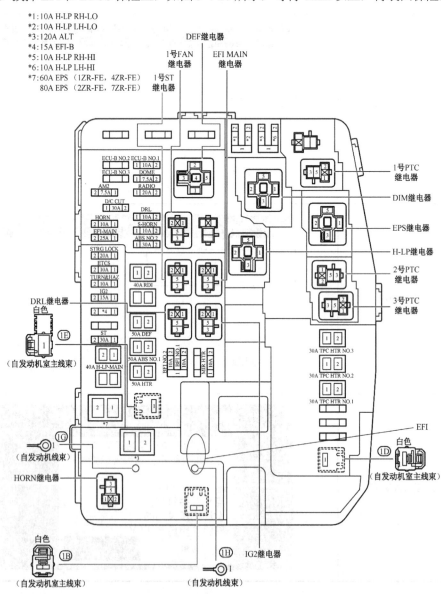

图 3-4-20　发动机室继电器盒

【注意】新款丰田采用 5AR-FE 发动机控制系统的车辆必须用自动匹配节气门功能，如 RAV4 等车辆。

项目测评

一、填空题

1．进气压力传感器的作用是＿＿＿＿＿＿＿＿＿＿＿＿＿＿＿＿＿＿＿。

2．大众速腾 1.4T 涡轮增压直喷发动机，增压压力传感器 G31 安装在＿＿＿＿＿之间；增压压力传感器 G71 安装在＿＿＿＿＿＿＿＿＿＿＿。

3．发动机工作时，节气门开度越小，进气歧管的真空度＿＿＿＿＿，歧管内的绝对压力＿＿＿＿＿，输出信号电压＿＿＿＿＿；节气门开度＿＿＿＿＿，进气歧管的真空度＿＿＿＿＿，歧管内的绝对压力＿＿＿＿＿，输出信号电压＿＿＿＿＿。

4．打开点火开关，测量进气歧管压力传感器 PIM 信号电压为＿＿＿＿＿＿＿；发动机怠速时，PIM 信号电压为＿＿＿＿＿＿，急加速时，信号电压为＿＿＿＿＿＿。

5．空气流量计的作用是＿＿＿＿＿＿＿＿＿＿＿＿＿＿＿＿＿＿＿。

6．丰田卡罗拉轿车的空气流量计，安装在＿＿＿＿＿＿＿＿＿＿＿＿＿＿＿。

7．目前应用最广泛的是＿＿＿＿＿＿＿＿＿空气流量计。

8．卡罗拉轿车空气流量计的工作电压为＿＿＿＿＿＿＿。

9．怠速控制阀的作用是＿＿＿＿＿＿＿＿＿＿＿＿＿＿＿＿＿。

10．怠速控制系统的控制方式主要分为＿＿＿＿＿＿＿＿和＿＿＿＿＿＿＿。

11．节气门位置传感器的作用是＿＿＿＿＿＿＿＿＿＿＿＿＿＿＿＿。

12．节气门执行器的作用是＿＿＿＿＿＿＿＿＿＿＿＿＿＿＿＿＿＿。

二、判断题

1．进气歧管压力传感器输出信号电压与歧管内绝对压力的大小成正比。　　（　　）

2．热膜式空气流量计输出信号电压与歧管内绝对压力的大小成正比。　　（　　）

3．热膜式空气流量计有故障时，可导致车辆出现行驶无力的故障。　　（　　）

4．占空比指在一个通电周期内，低电位时间所占的比率。　　（　　）

5．丰田卡罗拉轿车节气门位置传感器中 VTA2 用于检测节气门开度。　　（　　）

6．丰田卡罗拉轿车节气门位置传感器是滑动电阻式。　　（　　）

7．清洗节气门后，发动机怠速会变低。　　（　　）

项目四

发动机动力不足故障诊断与排除

项目概述

电控发动机加速无力、动力不足的故障现象主要表现为：发动机无负荷运转时基本正常，但带负荷运转时加速缓慢，上坡无力，加速踏板踩到底时仍感觉动力不足，转速提不高，达不到最高车速。

电控发动机加速无力、动力不足的故障原因较多，常见原因有加速踏板位置传感器失灵、发动机进气增压系统故障、可变气门正时系统故障、发动机进入应急状态、混合气稀、点火时刻不准确或进气、排气不畅通等。

项目目标

1. 能叙述加速踏板位置传感器的工作原理，并按维修手册规范排除故障。
2. 能叙述可变气门正时系统的工作过程，并按维修手册规范排除故障。
3. 能叙述废气涡轮增压系统的工作过程，并按维修手册规范排除故障。
4. 能叙述爆震传感器的工作原理，并按维修手册规范排除故障。

项目任务

任务 1　检修加速踏板位置传感器
任务 2　检修可变气门正时系统
任务 3　检修进气增压系统
任务 4　检修爆震传感器

任务1 检修加速踏板位置传感器

任务目标

1. 能叙述加速踏板位置传感器的功用和安装位置。
2. 能确认加速踏板位置传感器的故障现象。
3. 会识读加速踏板位置传感器的电路图。
4. 能进行加速踏板位置传感器的检测。
5. 会更换加速踏板位置传感器。

任务引入

为了完成任务，请思考：
1. 电子节气门的作用是什么？
2. 加速踏板位置传感器是如何工作的？
3. 如果加速踏板位置传感器出现故障，对发动机有什么影响？如何检测维修？

资料准备

1. 大众速腾轿车。
2. 大众速腾轿车维修手册。
3. 汽车智能故障诊断仪。
4. 万用表。
5. 汽车维修常用工具。

相关知识

一、电子节气门概述

电子节气门的功用是控制进入发动机的空气流量，体现了驾驶员需要加速、减速和稳定在某种工况下的个人愿望。

电子节气门取消了传统节气门与加速踏板之间的直接机械连接（如拉索、杠杆），在电控单元的控制下可实现节气门快速精确地控制。它可以根据驾驶员的意愿及排放、油耗和安全需求确定节气门的最佳开度，并可设置各种功能来改善驾驶安全和舒适性，如怠速控制、巡航控制和牵引力（驱动力）控制等。

1. 电子节气门控制系统的组成

电子节气门控制系统由传感器、发动机控制单元、执行器三部分组成，其中传感器包括：加速踏板位置传感器、节气门位置传感器、离合器开关信号、制动开关信号、巡航开关信号等。执行器包括节气门驱动器（电动机）、电子节气门故障指示灯（EPC），如图4-1-1

所示。

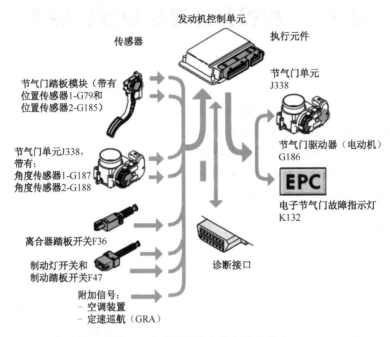

图 4-1-1　电子节气门控制系统组成

2. 电子节气门控制系统的工作原理

加速踏板位置传感器的电压信号输入到发动机控制单元（ECU），发动机控制单元（ECU）同时还要接收其他系统的控制数据和模式（如动力模式、正常模式、雪地模式）选择开关的信号，进行运算处理后输出 PWM（Pulse Width Modulation——脉冲宽度调制）驱动信号给电动机，控制电动机的输出力矩（电流、电压）。电动机带动节气门克服回位弹簧的力，转到相应的开度。节气门体内的电动机采用永磁直流力矩电动机，其特点是堵转力矩大、空载转速低、长期旋转时能产生足够大的转矩而不过载损坏。发动机控制单元（ECU）的 PWM 驱动信号的占空比与电动机的输出力矩成正比，当电动机的输出力矩与回位弹簧的力矩平衡时，节气门开度保持不变；当 PWM 驱动信号电流中占空比增加时，电动机的驱动力矩将大于回位弹簧阻力矩，使节气门开度增加；当占空比减小时，电动机驱动力矩小于回位弹簧阻力矩，节气门开度就减小，信号中占空比越小节气门开度就越小，如图 4-1-2所示。

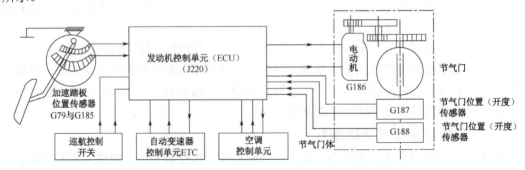

图 4-1-2　电子节气门控制原理

在节气门开度减小时，为了克服电动机磁滞造成的换向滞后，在 PWM 信号中加入反向脉冲以保证响应快速、动作灵敏。与节气门轴相连的开度传感器（节气门位置传感器）将节气门开度信号反馈给发动机控制单元（ECU）构成闭环位置控制系统。节气门开度不仅由加速踏板控制，还要由其他控制系统共同控制，最终按照发动机转矩需求精确调节节气门开度，实现基于转矩需求的发动机控制。

二、加速踏板位置传感器

1. 作用

在电子节气门控制系统中，加速踏板位置传感器把驾驶员的驾驶意图，转变为电压信号传递给发动机 ECU，而发动机 ECU 再对电子节气门发出控制指令来控制节气门电动机，打开节气门，如图 4-1-3 所示。

图 4-1-3　加速踏板位置传感器的作用

2. 分类

加速踏板位置传感器根据安装位置不同，可分为边装式、中装式、地板式三种，如图 4-1-4 所示。根据结构原理不同，可分为接触式（电位计时）和非接触式（霍尔式）两种。大众奥迪 A6 轿车采用的是滑动电阻式加速踏板位置传感器（接触式）；丰田卡罗拉采用的是霍尔式加速踏板位置传感器（非接触式）。

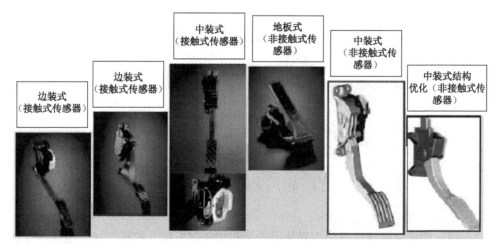

图 4-1-4　加速踏板位置传感器种类

3. 工作原理

（1）接触式（电位计式）

加速踏板位置传感器安装在加速踏板的支架上，它有两个传感器用来检测加速踏板位置及加速踏板位置本身的故障，如图 4-1-5 所示。在加速踏板位置传感器里，发动机 ECU 根据加速踏板位置传感器的信号来确认加速踏板的开启角度，同时 ECU 也是基于这些信号来控制节气门电动机的。

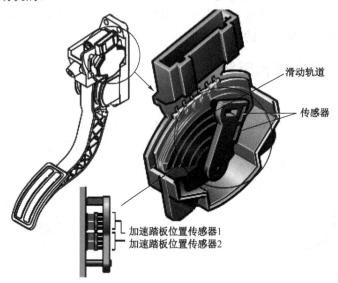

图 4-1-5　接触式加速踏板位置传感器内部结构

电位计式加速踏板位置传感器以分压电路原理工作，发动机 ECU 供给传感器电路 5V 电压。加速踏板通过转轴与传感器内部滑动变阻器的电刷连接，加速踏板位置传感器的位置改变时，电刷与接地端的电压发生改变，发动机 ECU 内部的受压电路将该电压转变成加速踏板的位置信号，如图 4-1-6 所示。

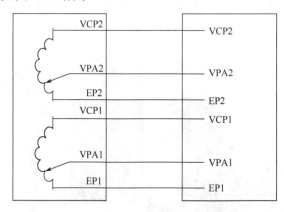

图 4-1-6　电位计式加速踏板位置传感器

（2）非接触式（霍尔式）

该无触点型加速踏板位置传感器使用安装在加速踏板臂上的霍尔 IC。电磁轭安装在加速踏板臂的底座上，电磁轭根据施加在加速踏板上的作用力绕着霍尔 IC 旋转，霍尔 IC 将磁通量变化转化为电信号，其结构如图 4-1-7 所示。霍尔 IC 含有两个电路，一个用于主信号，一个用于副信号，电路如图 4-1-8 所示。VPA 的信号用于指示实际加速踏板开度，并用于控制节气门开度。VPA2 的信号用于传输 VPA 电路的状态信息，并用于检查加速踏板位置传感器自身。

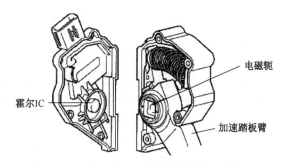

图 4-1-7 霍尔式加速踏板位置传感器结构

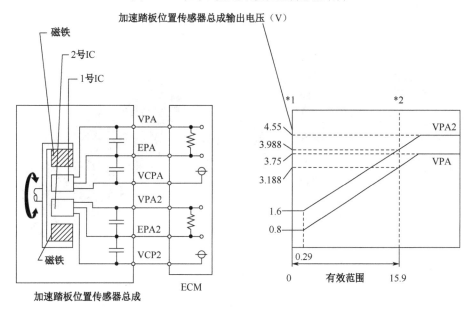

图 4-1-8 霍尔式加速踏板位置传感器电路

4．加速踏板位置传感器的失效保护

加速踏板位置传感器有两个传感器电路，若其中一个传感器出现故障，发动机 ECU 能检修两个传感器电路之间不正常的信号电压差，并切换到跛行模式。在跛行模式中，正常工作的电路被用来计算加速踏板开度，从而在跛行模式控制下运行车辆。若两个电路都有故障，发动机 ECU 中断节气门控制。此时，可以在车辆的怠速范围内驾驶车辆。

三、电子节气门

1．作用

电子节气门的作用是：在驾驶员踩下加速踏板时，发动机控制单元（ECU）根据加速踏板位置传感器检测出角度信号，控制电子节气门的电动机旋转到相应的节气门打开角度。两个角度传感器将节气门最新位置反馈给发动机控制单元。出于安全考虑，使用了两个角度传感器。

2. 结构

电子节气门的节气门体由节气门、驱动电动机、减速齿轮、回位弹簧、节气门位置传感器等组成，如图 4-1-9 所示。

驱动电动机通过两级齿轮减速来带动节气门阀片偏转。节气门体上没有常见的怠速旁通阀，它的怠速空气流量是经同一节气门阀片的微小开度（怠速工况下）来控制的。由发动机控制单元驱动电动机正反向转动来得到一个最佳的开度。节气门体中的电动机虽小，却可以与回位弹簧的力量在节气门开度全程范围内抗衡，将阀片稳定在某种工况下不抖动。与节气门阀片轴同时转动的节气门位置传感器 G187 与 G188 都是滑片式线性电位器，用于实时采集节气门开度并转换为标准电压信号输出。

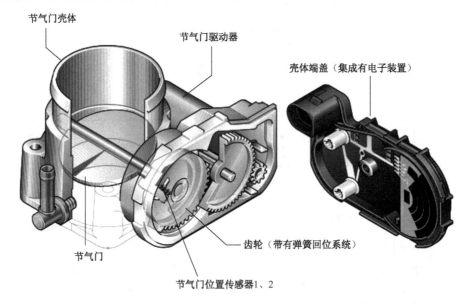

节气门壳体

节气门驱动器

壳体端盖（集成有电子装置）

齿轮（带有弹簧回位系统）

节气门

节气门位置传感器1、2

图 4-1-9　电子节气门体的组成

3. 工作原理

由于电子节气门取消了加速踏板与节气门之间的拉索，加速踏板位置传感器向发动机控制单元 J220 传递加速踏板位置信号，发动机控制单元 J220 向电子节气门的直流电动机 G186 输出占空比信号，控制节气门的开启。当占空比越大，节气门开度越大，发动机转速越高，输出动力越大。节气门位置传感器将节气门开度信号反馈给发动机控制单元 J220，当节气门开度比目标值小时，则增大电子节气门直流电动机的占空比信号。当节气门开度比目标值大时，则减小电子节气门直流电动机的占空比信号。对节气门实施动态调节，将节气门开度稳定在设定范围内，如图 4-1-10 所示。

节气门位置传感器 G187、G188 装在节气门体 J338 内部，与永磁电动机 G186 一起，是节气门状态的检测元件；加速踏板位置传感器 G79 与 G185 装在加速踏板总成之中，是反映驾驶员操作意愿的外部检测元件。从控制角度讲，只需 1 个节气门位置传感器和 1 个加速踏板位置传感器就够了，但采用冗余传感器可以大大增加识别硬件故障的可靠性，并保证车辆行驶的安全性。因此，电子节气门系统至少采用 2 个节气门位置传感器和 2 个加速踏板位置传感器。

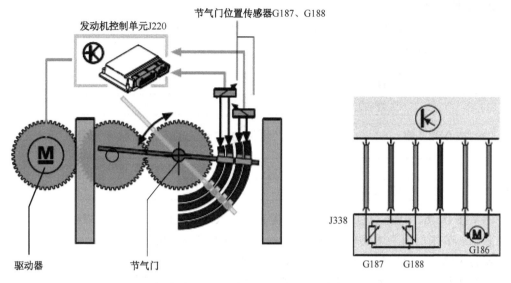

图 4-1-10　电子节气门工作原理

4．失效保护

以上传感器都是线性电位器，每 2 个传感器由同一电源供电，设计成电阻值反向变化，即一个电阻值增加时另一个减小，其输出电压成互补的方式。2 个传感器输出电压信号的和始终等于供电电压（5V），这样可以保证其中一个传感器出现故障或电源电压低于规定值时能及时识别。

电子节气门在发生驱动电动机断电或控制系统不能驱动的故障时，它能在回位弹簧作用下返回到一个小开度位置，并使发动机工作在"快怠速"工况（相当于 1 / 2 额定转速），这既是安全性考虑，也是方便性考虑，从而使发动机不熄火、不失控地把车辆开到安全检修地点，称为"跛行回家"功能。

任务实施

一、电子节气门的匹配

1．准备

以奥迪 A6 轿车为例，在接通点火开关但不启动发动机的状态下，通过 04 基本设定功能进行匹配（自适应），发动机控制单元 J220 学习（适应）节气门的不同位置，并将这些位置参数存入发动机控制单元,节气门的位置坐标由 2 个节气门位置传感器 G187、G188 来反馈。拆装或更换节气门体 J338、更换发动机控制单元 J220 或其供电中断后，必须进行自适应（学习）。

自适应基本设定应具备以下条件：故障记忆中没有故障；发动机不运转但点火开关接通；不踩加速踏板；冷却液温度和进气温度均高于 5℃；发动机控制单元供电电压高于 11V。

2．操作步骤

（1）连接 V.A.G1551 或 V.A.S5051，选择测试地址码 01——发动机控制单元 J220；接通点火开关，显示屏显示功能选择窗口：

快速数据传递	帮助
选择功能 ××	

（2）按 0 和 4 键（04——基本设定），再按 Q 键确认输入，显示屏上出现：

基本设定	帮助
输入显示组号 ×××	

（3）按 0、6、0 键（060 组），按 Q 键确认输入。节气门控制单元 J338 呈"无电流接通"状态：节气门阀片通过阀体内部的一个弹簧进入"应急运行"位置。这时，2 个角度传感器的应急运行位置被存入发动机控制单元 J220。

（4）在某一位置时节气门被打开，如果达到该值，节气门控制器又被"无电流接通"。这时，在一定时间内，弹簧应被节气门关闭到先前应急运行位置（对弹簧力进行实验）。

（5）在车辆行驶过程中，如果发动机控制单元"无电流接通"了节气门控制器，则怠速升高且不稳，发动机加速时非常缓慢。显示屏显示：

基本设定 60			
×××%	×××%	8	ADP Lauft
1 区	2 区	3 区	4 区

在上述显示屏的 3 区和 4 区中检查，其中第 3 区表示自适应步进电动机的计数器步数，在自适应过程中步进计数应从 0～8，也可能超过此数。

第 4 区表示自适应状态（即适配之意）：ADP Lauft 为"正在匹配"；ADP I、O 为"匹配正确"；ADP ERROR 为"匹配错误"。

第 1 区和第 2 区分别表示节气门位置传感器 1（G187）和 2（G188）转过角度的百分数。

（6）如果控制单元自适应中断，显示屏出现"功能未知或当前不能执行"，则可能是下述原因造成的：如未满足上述检查条件；节气门不能完全关闭（脏污）；节气门控制单元或导线损坏；在自适应过程中启动了发动机或踩动了加速踏板；节气门壳体装卡过紧等。

（7）如基本设置匹配正确，则按→键结束发动机控制单元的基本设定。

按 0 和 6 键，选择"结束数据传递"，并拆下检测仪。

二、检查节气门位置传感器

节气门位置传感器 G187 和 G188 装在节气门控制单元 J338 内，如果显示屏出现 G187、G188 的故障，则应从三方面予以检查：检查节气门位置传感器的供电（5V 参考电压）；检查供电线、信号线和控制线；检查 EPC 指示灯的作用。

1．检查熔断丝

电子节气门控制电路如图 4-1-11 所示。如果节气门控制单元 J338 的熔断丝正常，则拔下节气门体 6 脚插头，接通点火开关，检测 2 脚对搭铁应有 5V 参考电压；2 脚对 6 脚也应有 5V 参考电压。如果达不到规定值应检查发动机控制单元 J220 到节气门体 J338 之间的导线连接，若符合上述 5V 电压则可能是信号线、控制线有误。

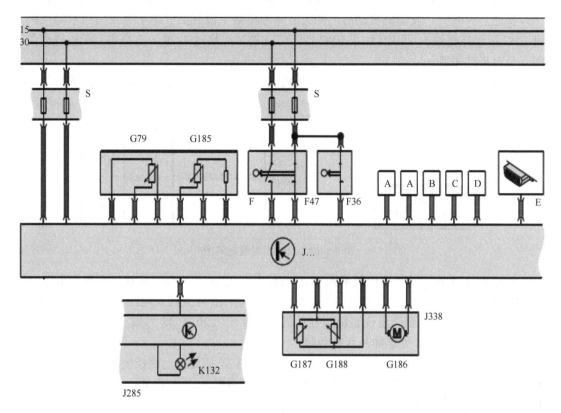

图 4-1-11　电子节气门控制电路

2. 检查连接的导线

拔下节气门控制单元 J338 的 6 孔插头，将检测盒 V.A.G1598/31 专用线接到发动机控制单元线束上，不接发动机控制单元，避免在测试中损坏插接器端子。

检查导线连接（表4-1-1）是否断路或对正极、对搭铁短路。正常导线的电阻应小于 1.5Ω，不相接的导线间电阻应为∞。如果导线无故障而 G187、G188 仍有故障，则应更换节气门体 J338。

表 4-1-1　节气门控制单元 J338 与发动机控制单元 J220 之间线束的检查

6 脚线束插头		检测盒 V.A.G1598/31
端子号	导线颜色	端子号
1	紫/红	92
2	绿/紫	83
3	红/紫	117
4	白/黄	84
5	棕/紫	118
6	灰/白	91

3. 检查 EPC 指示灯

EPC 指示灯是电子节气门故障指示灯 K132，如图 4-1-12 所示。EPC 是"电子功率控制"的缩写，也即电子节气门 E-Gas。EPC 指示灯是发动机转速表盘内左边第 1 个指示灯。

接通点火开关，发动机启动后，如果故障存储器中没有关于电子节气门的故障代码，则 EPC 指示灯亮约 3s 即灭。如果 EPC 指示灯亮的时间超过 3s 或一直亮着，应检查相关导线是否对搭铁短路。

如果 EPC 指示灯不亮，应检查仪表板内 EPC 指示灯与发动机控制单元间的接线是否断路，如图 4-1-12 所示。

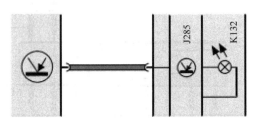

图 4-1-12　EPC 示意及电路图

2.8L 和 2.4L 6 缸发动机控制单元 J220 与仪表板 J218 之间有一条 0.35ge/br（黄/棕）线，与 EPC 指示灯（元件 K132）有关。在仪表板内部，从 15 号火线来电经 T32/1 端子进 K132 指示灯，再从 T32/13 端子出仪表板到发动机控制单元 J220 的 48 号端子（红/棕线），J220 从 J338 和 G79、G185 处感知是否有故障。

检查方法：断开点火开关；将检测盒 V.A.G1598/31 接到发动机控制单元线束上，不接发动机控制单元 J220；用 V.A.G1594 接线连接检测盒的触点 1 和 48（注：应是仪表板的 T32/1 和发动机控制单元 J220 的第 48 端子）。

接通点火开关 D，EPC 指示灯应亮，如果不亮，应检查仪表板内指示灯是否烧坏，或按电路图检查组合仪表板的导线连接有无断路和短路。

如果导线无故障，更换发动机控制单元 J220 再试。

启动发动机使之怠速运转，EPC 指示灯应熄灭，若不熄灭应查询 J220 故障存储记忆代码，如果没有记忆故障代码则进行如下操作：

断开点火开关，仍借用检测盒 V.A.G1598/31 检查 J220 的第 48 号端子是否对搭铁短路，正常值应为∞（开路）。如不符则排除发动机控制单元 J220 与 EPC 指示灯之间的对搭铁短路处。

如果线路无故障则更换发动机控制单元 J220。

三、检查加速踏板位置传感器

1. 专用诊断仪检查

在点火开关断开时连接测试仪 V.A.G1551 或 V.A.S5051，选地址码 01——发动机控制单元 J220；接通点火开关，在 01 地址内选功能码 08——读测量数据块，在 08 功能内选数据组号 062。在 062 组内有 4 个显示区：

读取测量数据块62			
××%	××%	××%	××%
1区	2区	3区	4区

显示屏第 1 区表示节气门位置传感器 1 的示值范围，规定值为 3%～93%。

显示屏第 2 区表示节气门位置传感器 2 的示值范围，规定值为 97%～3%。

显示屏第 3 区表示加速踏板位置传感器 1 的示值范围，规定值为 12%～97%。

显示屏第 4 区表示加速踏板位置传感器 2 的示值范围，规定值为 4%～49%。

注意第 3 和第 4 显示区，慢慢将加速踏板踩到底，3 区的比值应均匀升高，公差范围 12%～97%并未完全使用；显示 4 区的比值也应均匀升高，4%～49%范围也未完全使用。注意 3 区中的示值总应是 4 区示值的 2 倍。如果示值没有达到规定要求，则应检查加速踏板位置传感器的供电与导线连接。

2．万用表检查

（1）检查加速踏板位置传感器供电。

拆下驾驶员一侧杂物箱，拔下加速踏板位置传感器的 6 孔插头（该插头在制动灯开关附近的踏板支架上），根据图 4-1-13、图 4-1-14 所示电路按表 4-1-2 所示，用万用表测量供电电压。

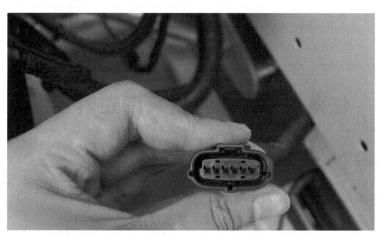

图 4-1-13　检测加速踏板位置传感器线束插头

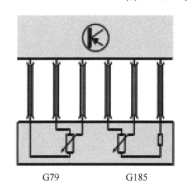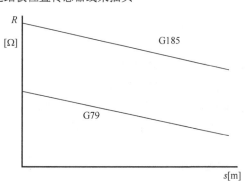

图 4-1-14　加速踏板位置传感器电路及信号

表 4-1-2　加速踏板位置传感器供电检测

线束 6 孔插头检测位置	规定值/V
2 与搭铁之间	约 5
2 与 3 之间	约 5
5 与搭铁之间	约 5
5 与 4 之间	约 5

如达到规定值，则应检查信号线（1 端和 6 端）。

如果未达到规定值，则应检查发动机控制单元 J220 到加速踏板位置传感器之间的导线连接。

（2）检查加速踏板位置传感器 G79、G185 到发动机控制单元 J220 之间的信号线和供电线，见表 4-1-3。

表 4-1-3　加速踏板位置传感器与发动机控制单元间的导线检测

传感器插头触点	检测盒 V.A.G1598/31 触点	导线颜色	标准电阻值
1（信号线）	72	灰	小于 1Ω
2	73	黄/紫	小于 1Ω
3	36	棕/红	小于 1Ω
4	35	黄/蓝	小于 1Ω
5	33	灰/黄	小于 1Ω
6（信号线）	34	棕/绿	小于 1Ω

任务 2　检修可变气门正时系统

 任务目标

1. 能区分本田 VTEC、宝马 VANOS、丰田 VVT 三种主流可变气门正时系统。
2. 能叙述丰田双 VVT-i 系统的结构及工作原理。
3. 能熟练操作汽车维修专用诊断仪对 VVT 相关故障进行诊断与排除。

 **任务引入**

为了完成任务，请思考：

1. VVT 有什么作用？有哪些种类？
2. 发动机最佳配气相位应该如何设计？
3. 丰田双 VVT-i 可变气门正时系统是如何工作的？

 资料准备

1. 汽车之家网站资源。

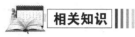

2. 汽车维修手册。

3. 汽车维修专用工具。

相关知识

一、可变气门正时概述

1. 作用

发动机可变气门正时（VVT，Variable Valve Timing）技术是根据发动机的运行情况，调整进气（排气）的量和气门开合时间、升程及角度，使进入的空气量达到最佳，提高燃烧效率，提高发动机的功率。

2. 种类

（1）本田 VTEC

本田的 VTEC 是 VVT 技术发展史上的里程碑。正是兼顾性能与成本的 VTEC 的出现，才让 VVT 技术开始大行其道。本田 VTEC 目前已经发展到第三代 i-VTEC（智能可变气门正时及升程电子控制系统），该系统由一个三段式的 VTEC 和 VTC 控制器组成。VTEC 通过凸轮轴上的高低行程两组凸轮和驱动气门的两级摇臂机构来实现对气门正时和升程的控制。凸轮和摇臂共有三种组合，是一种阶段式的 VVT 系统。VTC 控制器能根据发动机转速和负荷，调整进排气正时的重叠角，让 i-VTEC 具有连续可变正时的性能，如图 4-2-1 所示。

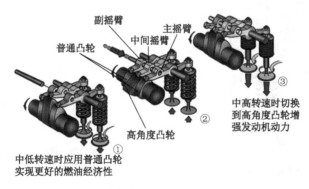

图 4-2-1　本田 i-VTEC 结构原理

当发动机在中、低转速时，三根摇臂处于分离状态，普通凸轮推动主摇臂和副摇臂来控制两个进气门的开闭，气门升量较小。此时虽然中间凸轮也推动中间摇臂，但由于摇臂之间是分离的，所以两边的摇臂不受它控制，也不会影响气门的开闭状态。

（2）宝马 VANOS

宝马的 Double VANOS+Valvetronic 是目前唯一能做到连续可变气门正时和升程的系统。如图 4-2-2 所示，VANOS 通过一个液压驱动的杯形齿轮，连接凸轮轴和链轮，通过杯形齿轮的动作提前或延迟凸轮轴的转动，从而实现连续可变气门正时。Double VANOS 就是进、排气都由 VANOS 来控制。Valvetronic 使用液压调整的摇臂来控制气门升程，不同于其他气门升程调节机构只是阶段式的，Valvetronic 可以做到连续调节。Double VANOS+Valvetronic 系统在功能上接近完美，结构也非常清晰，但对液压部件的要求非常高，因此成本一直居高不下。

当凸轮轴运转时，凸轮会驱动中间推杆和摇臂来完成气门的开启和关闭。当电动机工作时，蜗轮蜗杆机构会首先驱动偏心轴发生旋转，然后中间推杆和摇臂会产生联动，偏心轴旋转的角度不同，最终凸轮轴通过中间推杆和摇臂顶动气门产生的升程也会不同。在电动机的驱动下，进气门的升程可以实现从 0.18mm 到 9.9mm 的无级变化。

（3）丰田 VVT-i

丰田最早在 1992 年的卡罗拉车型上使用了搭载 VVT 技术的 4A-GE 发动机，但只是气门正时二阶段可变，如图 4-2-3 所示。1996 年，丰田推出了 VVT-i，并沿用至今。VVT-i 的结构类似于宝马的 VANOS，不同的是 VANOS 通过液压机械结构，而 VVT-i 通过电动机提前或延迟凸轮轴的转动，控制精度没有 VANOS 那么高。其工作原理为：该系统由 ECU 协调控制，发动机各部位的传感器实时向 ECU 报告运转情况。由于在 ECU 中储存有气门最佳正时参数，所以 ECU 会随时对正时机构进行调整，从而改变气门的开启和关闭时间，或提前，或滞后，或保持不变。

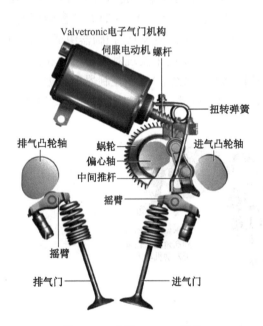

图 4-2-2　宝马 VANOS 结构

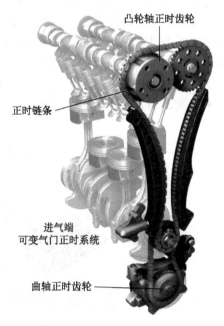

图 4-2-3　丰田 VVT 系统

简单地说，VVT 系统就是通过在凸轮轴的传动端加装一套液力机构，从而实现凸轮轴在一定范围内的角度调节，也就相当于对气门的开启和关闭时刻进行了调整。

对于配气正时不可变的传统发动机，配气正时只能在某一固定的转速范围内使发动机的充气效率达到最佳，而单 VVT-i 系统只能使进气凸轮轴在 40°（曲轴转角）发生改变，双 VVT-i 系统可将进气和排气凸轮轴分别控制在 55°和 40°（曲轴转角）范围内，以提供适合发动机运转的最佳气门正时，从而增大所有转速范围内的扭矩，提高燃油经济性并减少废气排放。

二、VVT-i 系统的结构原理

1. VVT-i 系统的组成

可变气门正时（VVT-i）系统由 VVT-i 控制器（ECU）、进、排气凸轮轴正时控制阀和传感器（曲轴位置传感器、节气门位置传感器、车速传感器、VVT 传感器等）三部分组成。可变气门正时（VVT-i）系统结构如图 4-2-4 所示。

VVT-i 控制器（ECU）通过空气流量计、曲轴位置传感器、节气门位置传感器输入的信号判断发动机工况，以车速传感器、冷却液温度传感器的信号做参考，比对内部数据库查找出各工况条件下的目标配气正时，动态向进、排气凸轮轴正时机油控制阀总成传送目标占空因数控制信号。该控制信号用来调节提供给 VVT 控制器的机油压力。凸轮轴正时控制是根据发动机工作状态来执行的，从而使各种行驶条件下的发动机转矩增加，燃油经济性得到改善，废气排放量减少。

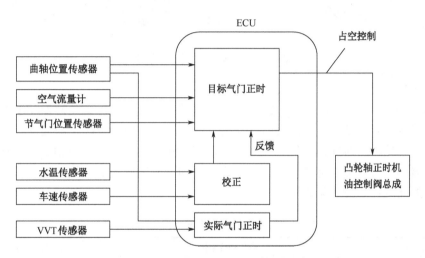

图 4-2-4　可变气门正时（VVT-i）系统结构

2. 工作原理

该系统由 ECU 协调控制，根据发动机转速、进气量、节气门位置和水温，发动机 ECU 可以计算每个驾驶条件下的最佳气门正时，控制凸轮轴正时机油控制阀。由于在 ECU 中储存有气门最佳正时参数，所以 ECU 会随时对正时机构进行调整，从而改变气门的开启和关闭时间。

（1）提前

发动机高速运转时，通过来自发动机 ECU 的提前信号将凸轮轴正时机油控制阀定位在如图 4-2-5 所示位置时，合成机油压力施加到正时提前侧叶片室，使凸轮轴沿正时提前方向旋转，进气提前的原理如图 4-2-5 所示。

（2）延迟

发动机低速运转时，通过来自发动机 ECU 的延迟信号将凸轮轴正时机油控制阀定位在延迟位置，合成机油压力施加到正时延迟侧叶片室，使凸轮轴沿正时延迟方向旋转，从而保证行驶性能及稀混合气运转时的燃烧稳定性。

（3）保持

达到目标正时后，通过使凸轮轴正时机油控制阀保持在中间位置以保持气门正时，直至行驶状态改变。这样，可将气门正时调节为所需目标位置，并防止发动机机油在不必要时流出。

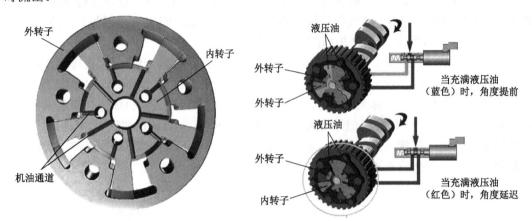

图 4-2-5　VVT-i 系统工作原理

（4）各种工况下的配气相位变化

发动机 ECU 根据发动机转速传感器、空气流量计、节气门位置传感器和水温传感器等信号，计算各种行驶状况下的最佳气门正时，同时控制凸轮轴正时机油控制阀，通过机油压力来改变凸轮轴相对曲轴的位置。此外，发动机 ECU 利用来自凸轮轴位置传感器和曲轴位置传感器的信号检测实际气门正时，以提供反馈信号来修正实际气门正时。发动机在各种工况下的配气相位变化见表 4-2-1。

表 4-2-1　发动机典型工况气门正时的变化

工作状态	配气相位变化	作　用
启动、停止位置	排气最提前，进气最延迟位置；消除气门重叠角，减少进气侧回火	提高启动性能
怠速期间	进气最延迟位置，消除重叠，减少进气侧回火	稳定怠速转速，提高燃油经济性
低负荷时	进气增大延迟角，消除重叠，减少进气侧回火	确保发动机稳定性
中负荷时	进气增大提前角，增加重叠，利用内部 EGR 减少泵气损失	提高燃油经济性，改善排放控制
高负荷在低速到中速范围内	提前进气门关闭，以提高容积效率	提高低速到中速范围内的扭矩
高负荷、高速范围	延迟进气门关闭，以提高容积效率	提高输出功率

3. VVT-i 控制器

VVT-i 控制器分进气侧控制器和排气侧控制器，各控制器由受正时链条驱动的壳和与进气或排气凸轮轴结合在一起的叶片组成。进气和排气侧均有 4 个叶片，叶片的宽度比壳的槽宽小；每个叶片将壳体上的每个槽分隔成两个腔室——提前腔和延迟腔。凸轮轴正时机油控制阀通过凸轮轴上的油道控制提前腔和延迟腔的压力，使机油压力推动叶片相对壳体转动，从而使凸轮轴相对曲轴的位置发生变化，改变配气相位。

在进气侧 VVT-i 控制器安装有锁销，发动机停止时，锁销将进气凸轮轴锁止在最延迟端（此时，排气凸轮轴在最提前端），气门无叠开角，以确保发动机的正常启动。发动机启动后，机油压力推动锁销解除锁止，叶片可相对壳体在圆周方向转动，如图 4-2-6 所示。

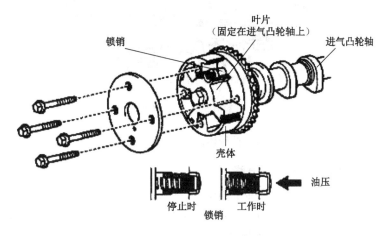

图 4-2-6　进气侧 VVT-i 控制器

在排气侧 VVT-i 控制器采用了辅助弹簧，发动机停止时，此弹簧在提前侧施加扭矩，从而确保锁销的啮合，如图 4-2-7 所示。

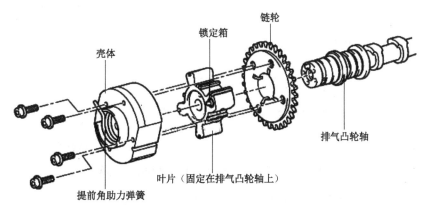

图 4-2-7　排气侧 VVT-i 控制器

4．凸轮轴正时机油控制阀

进气侧及排气侧各安装有一个正时机油控制阀，凸轮轴正时机油控制阀根据来自发动机 ECU 的占空因数控制滑阀。这样，来自机油泵的油压可以施加到 VVT-i 控制器的提前侧或延迟侧，推动凸轮轴改变相对于曲轴的位置。发动机停机时，凸轮轴正时机油控制阀将处于最延迟位置，如图 4-2-8 所示。

5．VVT 传感器

采用 MRE（电磁电阻元件）型传感器，为了检测凸轮轴位置，固定在 VVT 控制器前端的凸轮轴主动齿轮有一个信号盘，信号盘的外圆周上有 3 个齿。齿轮旋转时，信号盘和耦合线圈间的气隙会发生改变，以产生脉冲信号，供发动机 ECU 来确定凸轮轴角度。

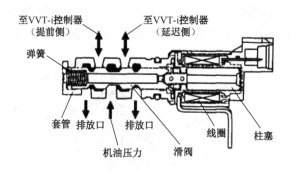

图 4-2-8　凸轮轴正时机油控制阀示意图

6. 可变气门正时机油控制阀电路

（1）进气侧凸轮轴正时机油控制阀电路及技术参数

如图 4-2-9 所示，ECM（Engine Control Module，发动机控制模块）的 B31 插头 100 号端子连接进气侧凸轮轴正时机油控制阀 1 号端子输入占空比信号，123 号端子连接 2 号端子接地。进气侧凸轮轴正时机油控制阀电阻为 6.9～7.9Ω（20℃时），插接器端子 1 与发动机搭铁之间电压为 12V。

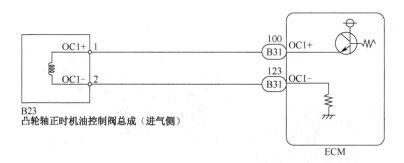

图 4-2-9　进气侧凸轮轴正时机油控制阀电路

（2）排气侧凸轮轴正时机油控制阀电路及技术参数

如图 4-2-10 所示，ECM 的 B31 插头 60 号端子连接排气侧凸轮轴正时机油控制阀 1 号端子输入占空比信号，61 号端子连接 2 号端子接地。排气侧机油凸轮轴正时控制阀电阻为 6.9～7.9Ω（20℃时），插接器端子 1 与发动机搭铁之间电压为 12V。

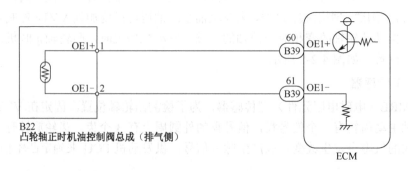

图 4-2-10　排气侧凸轮轴正时机油控制阀电路

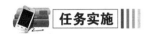

一、熟悉 VVT-i 系统常见故障

当双 VVT-i 系统出现故障时，发动机在各工况下不能以最佳的配气相位进行进气和排气，可能伴随的故障现象有：发动机怠速发抖，行驶时动力下降，油耗增加，车辆行驶中突然熄火，发动机故障指示灯不常亮等，常见故障代码（DTC）见表 4-2-2。

表 4-2-2　VVT-i 系统常见故障代码

DTC	检测项目	故障部位
P0010	凸轮轴位置"A"执行器电路	1. 进气侧凸轮轴正时机油控制阀电路（断路或开路） 2. 进气侧凸轮轴正时机油控制阀总成 3. ECM
P0011	凸轮轴位置"A"正时过于提前或系统性能	1. 进气侧凸轮轴正时机油控制阀总成 2. 机油控制阀滤清器 3. 进气侧凸轮轴正时齿轮总成 4. ECM 5. 气门正时
P0012	凸轮轴位置"A"正时过于滞后	1. 进气侧凸轮轴正时机油控制阀总成 2. 机油控制阀滤清器 3. 进气侧凸轮轴正时齿轮总成 4. ECM 5. 气门正时
P0013	凸轮轴位置"B"执行器电路	1. 排气侧凸轮轴正时机油控制阀电路（断路或开路） 2. 排气侧凸轮轴正时机油控制阀总成 3. ECM
P0014	凸轮轴位置"B"正时过于提前或系统性能	1. 排气侧凸轮轴正时机油控制阀总成 2. 机油控制阀滤清器 3. 排气侧凸轮轴正时齿轮总成 4. ECM 5. 气门正时
P0015	凸轮轴位置"B"正时过于滞后	1. 排气侧凸轮轴正时机油控制阀总成 2. 机油控制阀滤清器 3. 排气侧凸轮轴正时齿轮总成 4. ECM 5. 气门正时
P0016	曲轴-凸轮轴位置相关性（SA）	1. 机械系统（正时链条跳齿或链条拉长） 2. 凸轮轴正时机油控制阀（进气凸轮） 3. 机油控制阀滤清器 4. 凸轮轴正时齿轮总成（进气凸轮） 5. ECM
P0017	曲轴-凸轮轴位置相关性（SB）	1. 机械系统（正时链条跳齿或链条拉长） 2. 凸轮轴正时机油控制阀（排气凸轮） 3. 机油控制阀滤清器 4. 凸轮轴正时齿轮总成（排气凸轮） 5. ECM

发动机动力不足故障诊断与排除

二、P0010 凸轮轴位置 "A" 执行器电路故障排除

1. 检查零部件安装状态

目视检查与代码相关的各传感器、执行器的线束或连接器状态是否正常。

2. 使用智能检测仪（操作凸轮轴正时机油控制阀）进行主动测试

将智能检测仪连接到 DLC3，启动发动机，并打开检测仪。

选择以下菜单项：Powertrain / Engine and ECT/ Active Test / Control the VVT System（Bank 1）。

打开空调，在发动机冷却液温度为 30℃时进行主动测试。

当机油控制阀从关闭状态切换至开启状态时，发动机出现怠速不稳或失速现象，说明 VVT-i 机油控制阀系统存在故障。

3. 检查凸轮轴正时机油控制阀

（1）电阻测量。

凸轮轴正时机油控制阀总成电阻测量方法如图 4-2-11 所示，标准电阻值为 6.9～7.9Ω。

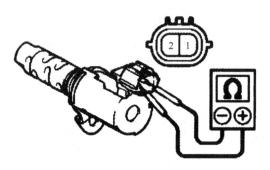

图 4-2-11　VVT-i 控制阀电阻测量

（2）移动状态检查。

凸轮轴正时机油控制阀总成移动状态检查如图 4-2-12 所示，将蓄电池正电压施加到端子 1，负电压施加到端子 2，检查阀是否能迅速移动。

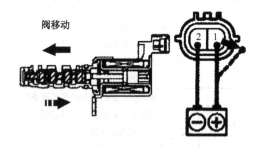

图 4-2-12　VVT-i 控制阀移动状态检查

4. 检查线束和连接器

根据图 4-2-9 所示进气侧凸轮轴正时机油控制阀电路，检查线束连接器 B23 与 ECM 的线束连接器 B31 线束是否断路。检查的标准电阻值见表 4-2-3。

表 4-2-3 标准电阻值（断路检查）

万用表笔连接	条　件	规定状态
B23-1（OC1+）—B31-100（OC1+）	始终	小于 1Ω
B23-2（OC1−）—B31-123（OC1−）	始终	小于 1Ω

凸轮轴正时机油控制阀线束连接器 B23 或 ECM 的线束连接器 B31 线束与车身搭铁短路检查的标准电阻值见表 4-2-4。

表 4-2-4 标准电阻值（短路检查）

万用表笔连接	条　件	规定状态
B23-1 或 B31-100（OC1+）—车身搭铁	始终	10kΩ 或更大
B23-2 或 B31-123（OC1−）—车身搭铁	始终	10kΩ 或更大

经检查，若 ECM 端的线束连接器 B31-100（OC1+）与 B23-1 连接器端子间的电阻的实际测量值为∞（标准电阻值< 1Ω），B23-1 与车身搭铁电压为 0，则说明线束存在断路现象。经维修或更换线束或连接器，再次测量，其导线电阻值为 0.01Ω，电压为 12V，符合规定要求，线束导通恢复正常。再用智能诊断仪读取故障代码，显示系统正常，动态测试结果为：当机油控制阀从关闭状态切换至开启状态时，发动机怠速立即下降，然后熄火。说明凸轮轴正时机油控制阀的故障已经排除，系统恢复正常，发动机故障指示灯也不亮了，启动性能恢复良好。

任务 3　检修进气增压系统

任务目标

1．能叙述进气增压控制系统的功用和安装位置。
2．能确认进气增压控制系统的故障现象。
3．会识读进气增压控制系统的电路图。
4．能进行进气增压控制系统的检测。
5．会更换进气增压控制器。

任务引入

为了完成任务，请思考：

1．配置废气涡轮增压的发动机有什么优点？
2．大众速腾发动机 ECU 如何监控废气涡轮增压装置工作是否正常？
3．大众速腾发动机 ECU 如何控制废气涡轮增压压力？
4．如果废气涡轮增压系统出现故障，对发动机有什么影响？如何检测维修？

资料准备

1. 大众速腾轿车维修手册。
2. 汽车维修专用工具。

 相关知识

一、进气增压技术及方式

1. 增压技术

增压技术是利用增压器将空气或可燃混合气进行预压缩，通过提高进气压力达到增加充气量，提高发动机功率和改善经济性的技术。

2. 进气增压方式

（1）气波增压

利用高压废气的脉冲气波迫使空气压缩。优点：结构简单，适应工况范围大，加速性、低速转矩性能好。缺点：体积大，重量大，效率不高。

（2）机械增压

机械增压装置安装在发动机上并由皮带与发动机曲轴相连接，从发动机输出轴获得动力来驱动增压器的转子旋转，从而将空气增压吹到进气歧管里，如图 4-3-1 所示。优点：增压器转速和发动机同步，因此没有滞后现象，动力输出流畅；结构紧凑。缺点：传动复杂，燃油消耗率高，增压比不高。

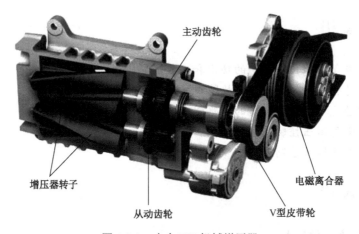

图 4-3-1　大众 TSI 机械增压器

（3）废气涡轮增压

废气涡轮增压是利用发动机排出的废气作为动力来推动涡轮室内的涡轮，涡轮又带动同轴位于进气道内的叶轮旋转，压缩进气管的新鲜空气后再送入气缸。当发动机转速加快，废气排出速度与涡轮转速也同步加快，空气压缩程度加大，发动机的进气量相应地得到增加，输出功率也随之提升，如图 4-3-2 所示。优点：①提高功率 20%～50%；②提高经济性能，油耗降低 5%～10%；③降低排气噪声和烟度。缺点：加速响应性能差、热负荷问题严重、对气温与气压敏感。

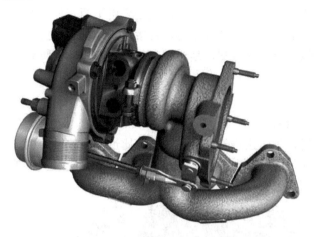

图 4-3-2　大众 TSI 废气涡轮增压器

二、大众速腾 1.4TSI 废气涡轮增压系统组成

1．涡轮增压装置

涡轮增压装置由废气涡轮、进气叶轮、轴承机构、中间体和密封装置等组成，如图 4-3-3 所示。当发动机达到涡轮增压装置介入的转速（1700r/min）时，废气在旁通阀控制下由废气通道 2 喷入涡轮腔内，驱动涡轮快速旋转，安装在同一根转轴上的进气叶轮同步高速旋转，对来自空气滤清器的新鲜空气进行压缩。

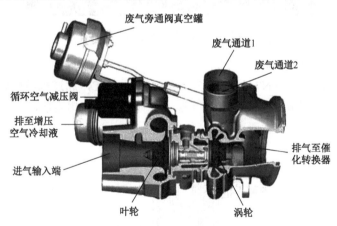

图 4-3-3　涡轮增压装置

2．冷却、润滑装置

涡轮运转时，首先接触的便是由发动机排出的高温废气（第一热源），其推动涡轮叶轮并带动了另一侧的压气机叶轮同步运转。整个叶片轮轴的转速为 120000～160000r/min。所以涡轮轴高速转动所产生的热量非常惊人（第二热源），再加上空气经压气机叶轮压缩后所提高的温度（第三热源），这三者成为涡轮增压器最严峻的高温负担。涡轮增压器成为一个集高温元件于一体的独立工作系统。所以"散热"对于涡轮增压器非常重要。

大众速腾 1.4TSI 发动机采取的冷却措施是：

（1）油冷——涡轮本体内部有专门的机油道，对涡轮、叶轮轴承进行散热及润滑。

（2）独立的水冷——该发动机一大特色就是采用了两套独立的冷却系统，一套主要用于发动机自身，水泵通过皮带和曲轴相连，直接靠发动机的动力实现冷却液循环；另一套用于涡轮增压器和增压空气的冷却，是通过电动冷却液循环泵驱动冷却液实现的独立循环系统。

3．控制系统

（1）增压压力传感器

车辆高速行驶时，为防止进气过量引起压缩比过高导致发动机产生爆燃，需要进行增压压力限制。大众速腾电控发动机增压压力传感器安装位置如图 4-3-4 所示。其检测增压压力的变化，将增压压力信号传给 ECM。

图 4-3-4　增压压力传感器安装位置

（2）增压压力限制电磁阀

增压压力限制电磁阀（N75）上有 3 个管口 A、B、C，通过橡胶软管分别与增压器压气机出口、增压压力调节单元及低压进气管（压气机入口）相连接，如图 4-3-5 所示。

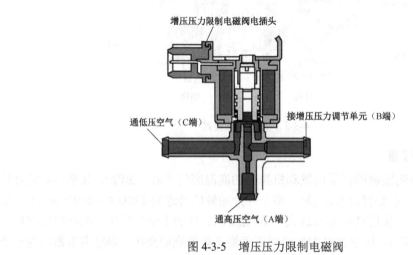

图 4-3-5　增压压力限制电磁阀

当增压压力达到 ECM 的限定值时，ECM 控制增压压力限制电磁阀工作。增压后的空气通过增压压力限制电磁阀到达增压限制阀（为机械阀），增压空气压动增压限制阀内部的膜片带动拉杆机构移动，将旁通阀打开，如图 4-3-6 所示。排气通过旁通阀排出，减小排气叶轮转速，降低涡轮增压压力。

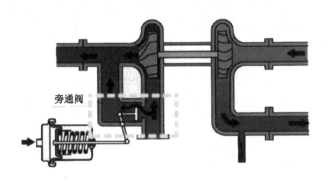

图 4-3-6　增压压力限制电磁阀工作过程

（3）增压空气再循环控制

当发动机处于超速切断工况——大负荷行驶时突然松开加速踏板，节气门开度迅速减小，而涡轮转速仍然较高，如果不进行控制，增压空气继续流向节气门，可能会造成节气门损坏，此时 ECM 控制增压空气再循环电磁阀通电打开，如图 4-3-7 所示。接通空气再循环阀（N249，机械阀）的真空管路，发动机真空使增压空气再循环电磁阀打开，增压后的空气重新流回进气管路，增压气体形成局部循环，避免增压空气冲击节气门。同时由于局部循环，避免了尾气涡轮转速的降低，重新用力踩下加速踏板时，减少了增压时间，增强了发动机加速性能。

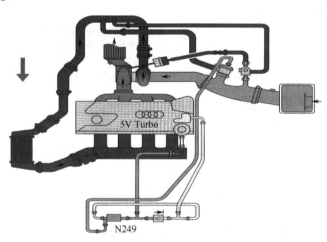

图 4-3-7　增压空气再循环电磁阀

三、大众速腾废气涡轮增压系统常见故障及保养

1. 故障类型

废气涡轮增压系统常见的故障有：漏油、有噪声、动力不足，不同故障需要检查的部

位见表 4-3-1。

表 4-3-1　废气涡轮增压系统常见故障及检查部位

漏　油	有　噪　声	动力不足
是否所有的出口都被密封	在连接部件上是否有泄漏	在连接部件上是否有泄漏
空气入口是否被外界物质堵住了	涡轮是否与其他部件产生摩擦	控制器是否损坏
剩余压力在规定范围内吗	是否有持续的噪声	空气滤芯上是否有赃物
连接软管是否被密封	是否有软管连接松动	轴和轮是否被锁死
P1 压力是否正确	压缩轮是否有损伤	涡轮外部是否有损伤
空气滤芯是否清洁	涡轮叶片是否有损伤	是否有异常的轴承磨损
回油口是否有障碍物影响回油	轴和轮是否被锁死	
涡轮外部是否有损伤	涡轮外部是否有损伤	
是否有异常的轴承磨损	是否有异常的轴承磨损	

2．故障原因（图 4-3-8）

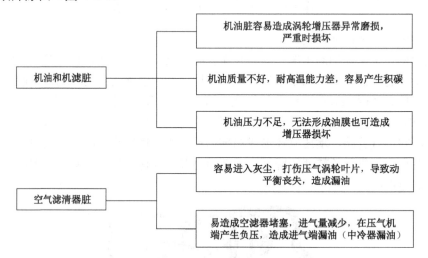

图 4-3-8　废气涡轮增压系统故障原因

3．增压器的使用保养要求

① 增压器润滑油的要求：

a．C、D 级以上；b．经过小于 20μm 的全流式机油滤清器过滤。

② 下列情况均需预先润滑涡轮增压器：

a．停机时间过长或在冬季；b．更换增压器。

③ 要避免发动机长时间怠速（最长不超过 20min）。

④ 发动机怠速时，机油压力不低于 69kPa（0.7kgf/cm²）。

⑤ 发动机在最大扭矩工况及以上转速时，机油压力应在 196～392kPa（2.11～4kgf/cm²）。

⑥ 在发动机润滑油压力建立以前，必须使发动机保持在怠速状态（3～5min）。

⑦ 发动机停车前，要使它的温度和转速逐步地从最大值降下来（3～5min）。

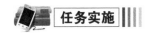任务实施

一、缺油故障诊断与排除

1. 压气机端漏油故障诊断流程（图 4-3-9）

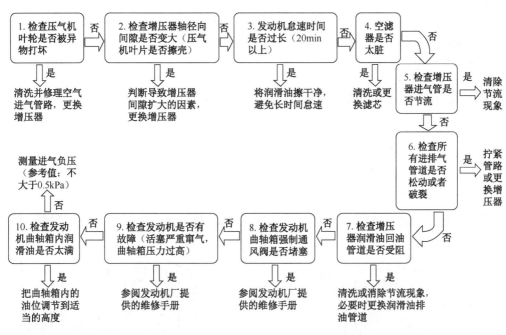

图 4-3-9　压气机端漏油故障诊断流程

2. 涡轮端漏油故障诊断流程（图 4-3-10）

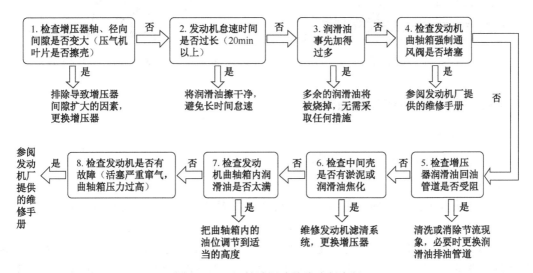

图 4-3-10　涡轮端漏油故障诊断流程

二、检测增压压力

1．检查条件

（1）进排气管无泄漏。

（2）发动机温度不低于 60℃。

2．具体实施（图 4-3-10）

全负荷下测量增压压力，以 3 挡及 2 挡从 2000r/min 开始全负荷加速到 3000r/min；按测量仪 M 键，规定值：1.500～1.650bar（1.6～1.7kgf/cm^2），如不在规定范围内应检查增压压力限制电磁阀 N75。

三、检测增压压力限制电磁阀

1．检查条件

（1）进行执行元件诊断。

（2）关闭点火开关。

2．具体实施（图 4-3-11）

测量电磁阀两触点间电阻，规定值为 25～35Ω，如不在规定范围内需更换增压压力限制电磁阀 N75；如达到规定值，检查增压压力调节值：显示组 25。

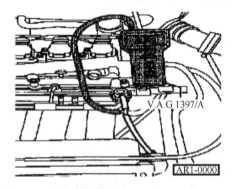
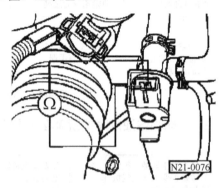

图 4-3-11　检测增压压力　　　　　　　　　图 4-3-12　检测增压压力限制电磁阀

四、检测增压压力传感器

1．检查条件

自诊断已查出增压压力传感器故障。

2．具体实施（图 4-3-13）

打开点火开关，测量增压压力传感器 G31 连接器的 1 和 3 端子之间的电压，规定值：不低于 4.5V。

将 V.A.G1598/31 接到控制单元线束上，但不要连接控制单元。测量增压压力传感器 G31 连接器的 1、3、4 端子分别与 ECM 连接器的 108、98、101 端子之间的线路是否断路（标准值：小于 1.5Ω）；如果导线无故障且增压压力传感器 G31 连接器的 1 和 3 端子之间有电压，应进一步检查增压压力传感器；如导线无故障且 1 和 3 端子之间无电压，更换发动机控制单元。

　　将连接器插回增压压力传感器 G31 上，检测 ECM 连接器 101 和 108 端子之间的电压。启动发动机测量电压，规定值：1.8～2.0V；急加速，以提高转速，规定值：2.0～3.0V。如果未达到规定值，应更换增压压力传感器 G31。

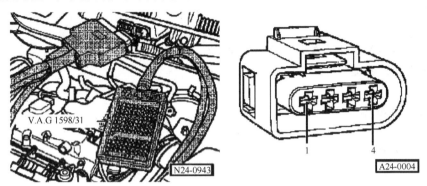

图 4-3-13　检测增压压力传感器

五、检测增压空气再循环电磁阀

1．检测条件

自诊断已查出增压空气再循环电磁阀故障。

2．具体实施（图 4-3-14）

　　测量该阀两触点之间的电阻，规定值：21～30Ω，如未达到规定值，更换增压空气再循环电磁阀。

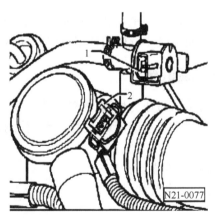

图 4-3-14　检测增压空气再循环电磁阀

任务 4　检修爆震传感器

 **任务目标**

1．能叙述爆震传感器的功用和安装位置。

2. 能确认爆震传感器的故障现象。

3. 能进行爆震传感器的检测。

4. 会更换爆震传感器。

 任务引入 ||||

1. 爆震传感器有什么作用？有哪些种类？

2. 爆震传感器是如何工作的？

 资料准备 ||||

1. 汽车之家网站资源。

2. 汽车维修手册。

3. 汽车维修专用工具。

 相关知识 ||||

一、爆震传感器的作用

根据最佳点火提前角控制原理，为了最大限度发挥汽油机的功率，应把点火提前角控制在接近临界爆燃点，同时又不能使发动机发生爆燃现象。想要控制点火系统达到这样的性能要求，除了必须采用电子控制（ECU 控制）的点火系统外，还必须对点火提前角采用爆燃反馈（闭环）控制。

爆燃控制系统实际上就是在发动机的机体上加装了爆震传感器的点火控制系统，ECU在接收到爆燃产生的信号后，根据其中存储的数据，相应减小点火提前角。

二、爆震传感器的安装位置

发动机爆燃的检测可以分为气缸压力检测、燃烧噪声检测和发动机缸体振动检测 3 种。其中气缸压力检测传感器耐久性差，安装困难；燃烧噪声检测是一种非接触式检测方法，耐久性好，但精度和灵敏度偏低；发动机缸体振动检测具有较高的检测精度，传感器安装方便灵活，耐久性也较好，是目前比较常用的爆燃检测方法。

利用缸体振动检测法监测爆燃时，所使用的爆震传感器安装在发动机气缸体上，如图 4-4-1 所示。

三、爆震传感器的分类

常见的爆震传感器有两种：一种是压电式爆震传感器，一种是磁致伸缩式爆震传感器。

图 4-4-1 爆震传感器安装位置

1．压电式爆震传感器

压电式爆震传感器是利用晶体或陶瓷多晶体的压电效应而工作的，压电效应是指某些晶体的薄片受到压力或机械振动之后产生电荷的现象。目前国内外大多数汽车电控点火系统都采用了非共振型压电式爆震传感器。其内部有套筒底座、压电元件、惯性配重、塑料壳体和接线插座等，如图 4-4-2 所示。

2．磁致伸缩式爆震传感器

磁致伸缩式爆震传感器属于共振型传感器，其内部有永磁铁、强磁性铁心和线圈等，如图 4-4-3 所示。

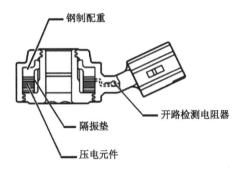

图 4-4-2　压电式爆震传感器结构

钢制配重
开路检测电阻器
隔振垫
压电元件

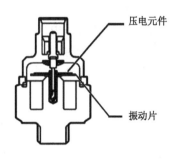

图 4-4-3　磁致伸缩式爆震传感器结构

压电元件
振动片

四、爆震传感器的工作原理

1．压电式爆震传感器

压电式爆震传感器利用惯性配重来传递发动机振动产生的惯性力，当发动机振动时，传感器套筒底座及惯性配重随之产生振动，套筒底座和配重的振动作用在压电元件上产生压电效应，压电元件的信号输出端就会输出与振动频率和振动强度有关的交变电压信号。

2．磁致伸缩式爆震传感器

磁致伸缩式爆震传感器在发动机气缸体发生振动时，会在 7kHz 左右处与发动机产生共振，强磁性铁心随之振动，致使永磁铁穿过铁心的磁通密度也发生变化，从而在铁心周围的绕组中产生感应电动势，并将这一信号输入 ECU。

五、爆震传感器的失效保护

爆震传感器出现故障时，进入失效保护模式。失效保护模式下，点火正时推迟至其最大延迟时间。失效保护模式持续直至将点火开关置于 OFF 位置。

任务实施

丰田卡罗拉 1ZR-FE 发动机爆震传感器的故障排除

（1）步骤一：使用智能检测仪读取爆震传感器的数据流（爆震反馈值）。

① 将智能检测仪连接到 DLC3。

② 启动发动机。

③ 打开智能检测仪。

④ 使发动机暖机。

⑤ 进入以下菜单：Powertrain / Engine and ECT / Data List / All Data / Knock Feedback Value。

⑥ 驾驶车辆时读取值。

正常：读取的爆震反馈值会发生改变。

通过高负载运转发动机（如激活空调系统和高速空转发动机）可以确认爆震反馈值的变化。

正常——检查间歇性故障。

异常——转至步骤二。

（2）步骤二：检查端子电压（爆震传感器电源）。

① 断开爆震传感器连接器 D1，如图 4-4-4 所示。

② 将点火开关置于 ON 位置。

图 4-4-4　爆震传感器连接器 D1

③ 根据表 4-4-1 所示测量爆震传感器连接器端子间的电源电压并记录。

表 4-4-1　爆震传感器的电源电压

检测仪连接	标准值	测量值	维修意见
D1-2—D1-1	4.5～5.5V		□正常　□不正常

正常——转至步骤三。

异常——转至步骤四。

（3）步骤三：检查爆震传感器。

① 断开爆震传感器连接线束，如图 4-4-5 所示。

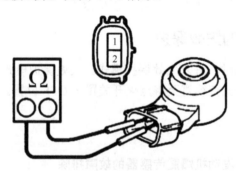

图 4-4-5　未连接线束的爆震传感器

② 保持常温 25℃。

③ 根据表 4-4-2 所示测量爆震传感器端子间的电阻并记录。

表 4-4-2　爆震传感器端子间的电阻

检测仪连接	标准值	测量值	维修意见
1—2	120～280kΩ		□正常　□不正常

正常——更换 ECM。

异常——更换爆震传感器。

（4）步骤四：检查线束和连接器（爆震传感器—ECM）。

① 断开爆震传感器连接器。

② 断开 ECM 连接器。

③ 根据表 4-4-3 所示测量线束和连接器间的电阻。

表 4-4-3　线束和连接器间的电阻

检测仪连接	标准值	测量值	维修意见
D1-2—B39-122（KNK1）	小于 1Ω		□正常　□不正常
D1-1—B39-121（EKNK）	小于 1Ω		□正常　□不正常
D1-2 或 B39-122（KNK1）—车身接地	10kΩ 或更大		□正常　□不正常

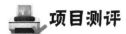

项目测评

一、选择题

1. 下列说法正确的是（　　）。

　　A．丰田花冠爆震传感器的内部并联了一个自检电阻

　　B．丰田花冠 ECM 为爆震传感器提供了 5V 电压

　　C．丰田花冠发动机处于正常怠速状态时点火提前角为 15°～20°

　　D．丰田花冠爆震传感器产生直流电压信号，所以不需要屏蔽线

2. 下列说法正确的是（　　）。

　　A．发动机爆燃是形成爆震的主要原因

　　B．压缩比高的发动机易爆燃、爆震

　　C．提高汽油标号可以降低爆燃、爆震

　　D．发动机温度过高易爆燃、爆震

3. 下列说法正确的是（　　）。

　　A．VTC 执行器由正时叶轮和正时链轮构成，正时叶轮与凸轮轴刚性连接，正时链轮由正时链条驱动

　　B．低负荷运转时，VTC 将凸轮角度控制到点火延迟角侧使气门重叠变大

　　C．发动机高速运转时，ECM 控制 VTC 电磁阀通电，进气凸轮轴顺时针转动

　　D．VTC 系统能根据发动机转速控制进气凸轮轴的相位连续变化

4. 下列说法正确的是（　　）。

　　A．断开加速踏板位置传感器线束插头，打开点火开关，电位计式加速踏板位置传

感器应有两条线有电，分别是两条电源线

B．断开加速踏板位置传感器线束插头，打开点火开关，霍尔式加速踏板位置传感器应该有两条线有电，分别是两条电源线

C．如果加速踏板位置传感器的 VTA 信号出现故障，踩加速踏板时，发动机无反应

D．加速踏板位置传感器有两个信号，其中 VPA 是检测加速踏板位置信号，VPA2 用来检测 VPA 故障，两条信号线电压变化应该一致

二、简述题

1．如何就车判断加速踏板位置传感器是电位计式的还是霍尔式的？

2．丰田卡罗拉轿车 ECM 如何根据凸轮轴位置传感器信号判断 1 缸压缩行程上止点？

3．ECM 记录凸轮轴位置传感器故障，为何还要检查发动机正时？

4．为什么丰田卡罗拉轿车的爆震传感器内部并联了一个电阻？

5．本田 i-VTEC 系统与丰田卡罗拉 VVT-i 系统有哪些不同？

6．如何判断废气涡轮增压装置工作是否正常？

项目五

发动机尾气排放超标故障诊断与排除

项目概述

汽车排放污染主要来源于发动机排出的废气（约占 65%），曲轴箱窜气（约占 20%）和燃油系统中蒸发的燃油蒸汽（约占 10% ~ 20%）。汽油发动机的主要排放污染物是一氧化碳（CO）、碳氢化合物（HC）和氮氧化合物（NO_x），柴油机的主要排放污染物是 HC、NO_x 和碳烟。

针对汽车污染源和各种污染物的产生机理，在轿车上装用了多种排放控制系统，主要包括：曲轴箱强制通风（PCV）系统、燃油蒸汽排放（EVAP）控制系统、废气再循环（EGR）系统、三元催化转换（TWC）系统、二次空气供给系统等。

项目目标

1. 能进行接车谈话，能现场直观检查并接车，能接受客户委托，签订维修合同。
2. 能正确选择诊断设备对发动机尾气排放超标故障进行诊断。
3. 能正确记录、分析各种检测结果并确定故障原因和故障部位。
4. 能分析发动机尾气排放超标的故障原因。
5. 能查阅维修手册，制订计划。
6. 会进行工作质量检查。
7. 会进行结算，并交付客户。

项目任务

任务1　检修三元催化转换器
任务2　检修氧传感器
任务3　检修燃油蒸发控制系统
任务4　检修曲轴箱强制通风系统

任务1 检修三元催化转换器

 任务目标

1. 能叙述三元催化转换器的作用。
2. 能叙述三元催化转换器的安装位置。
3. 能确认三元催化转换器的故障现象。
4. 能进行三元催化转换器的检测。
5. 会更换三元催化转换器。

 任务引入

一辆丰田卡罗拉轿车,配置 1ZR-FE 发动机,出现尾气排放超标的故障。维修技师通过检查,读取到加热型氧传感器数据流异常,现需要制订检修的作业计划,并实施作业排除故障。

 资料准备

1. 丰田卡罗拉轿车。
2. 丰田卡罗拉轿车维修手册。
3. 汽车智能故障诊断仪。
4. 万用表。
5. 汽车维修常用工具。

 相关知识

一、三元催化转换器的作用

三元催化转换器(Three-Way Catalyst Converter,简称 TWC)用于提高废气的净化率。将发动机排出废气中的有害气体碳氢化合物(HC)、一氧化碳(CO)和氮氧化合物(NO_x)转化为无害气体二氧化碳(CO_2)、水(H_2O)和氮气(N_2),如图 5-1-1 所示。

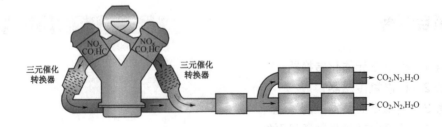

图 5-1-1 三元催化转换器

二、三元催化转换器的安装位置

三元催化转换器安装在排气管上，如图 5-1-2 所示，为了提高净化效果，减少废气排放，丰田卡罗拉轿车安装有两个三元催化转换器。

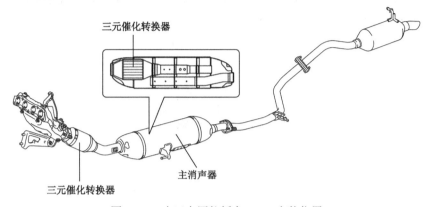

图 5-1-2　丰田卡罗拉轿车 TWC 安装位置

三、三元催化转换器的结构

三元催化转换器一般由壳体、减振层和由催化剂覆盖的蜂窝陶瓷体组成，如图 5-1-3 所示。蜂窝陶瓷一般由氧化铝制成，是承载催化剂的一种支撑体，格栅越薄，净化能力越强。催化剂由铂、铱和铑等贵金属制成。丰田卡罗拉轿车采用了带集成式三元催化转换器的不锈钢排气歧管，以预热 TWC 并减轻重量；采用超薄壁、高窝孔密度陶瓷型三元催化转换器来改善废气排放。

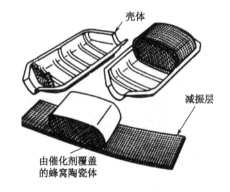

图 5-1-3　三元催化转换器的结构

四、三元催化转换器的工作过程

三元催化转换器在工作过程中，催化剂的形态和质量不会发生变化，只起到催化还原反应的作用。促使有害气体 CO、HC、NO_x 发生反应，转化为无害气体 CO_2、H_2O、N_2，如图 5-1-4 所示。

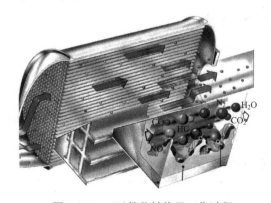

图 5-1-4　三元催化转换器工作过程

三元催化转换器的净化率随温度而变化：三元催化转换器温度达到 400℃以上时，净化率接近 100%，废气将得到有效净化。

三元催化转换器的净化效率和空燃比密切相关，只有混合气在理论空燃比附近，才能达到最佳的净化效果，如图 5-1-5 所示。混合气体过浓或过稀时，三元催化转换器对废气的净化能力将急剧下降。

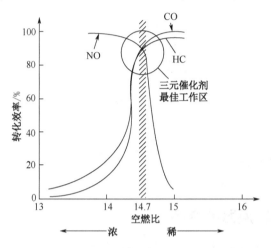

图 5-1-5　三元催化转换器的转换效率

在发动机工作中，为将实际空燃比精确控制在理论空燃比附近，一般在三元催化转换器与发动机之间的排气管装有氧传感器，用来检测废气中的氧浓度，氧传感器信号输送给 ECM，ECM 根据此信号对喷油器的喷油量进行修正，使实际的空燃比更接近理论空燃比，即电控燃油喷射系统的闭环控制，使三元催化转换器的转化效率达到最高。

 小词典

装有三元催化转换器的汽车必须使用无铅汽油。如果使用含铅汽油，铅将黏附在催化剂表面，形成一层覆盖膜，使催化剂失效，通俗叫催化剂中毒。

任务实施

三元催化转换器的检修

1. 利用氧传感器信号电压波形分析

使用智能故障诊断仪读取氧传感器的信号电压，判断三元催化转换器的工作性能。例如，如果丰田卡罗拉轿车三元催化转换器（TWC）工作性能良好，加热型氧传感器（位于三元催化转换器后面）的输出电压是较为平缓的；如果三元催化转换器（TWC）工作性能恶化，则即使在正常驾驶条件下（未进行主动空燃比控制），加热型氧传感器（位于三元催化转换器后面）的输出电压也频繁上下波动，如图 5-1-6 所示。

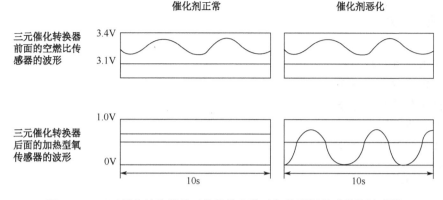

图 5-1-6　三元催化转换器的工作性能变化时加热型氧传感器的波形图

2. 红外温度计测量法

使用红外温度检测计检测三元催化转换器入口与出口的温度，其正常温差至少高出40℃；若温差低于40℃，则说明三元催化转换器已经损坏。

3. 尾气分析仪检测法

使用尾气分析仪检测尾气中的有害气体是否超标，若超标则可能是三元催化转换器转换效率降低，导致尾气排放超标，必要时应更换三元催化转换器。

4. 敲打法

用橡皮锤轻轻敲打三元催化转换器，听有无"咔啦"声，并伴随有散碎物体落下。如果有此异响，则说明三元催化转换器内部催化物质剥落或蜂窝陶瓷载体破碎。将三元催化转换器拆卸下来，观察三元催化转换器是否破裂、破损，入口处有无被积碳脏堵，必要时应更换三元催化转换器。

任务 2　检修氧传感器

 任务目标

1. 能叙述氧传感器的功用和安装位置。
2. 能确认氧传感器的故障现象。
3. 会识读氧传感器的电路图。
4. 能进行氧传感器的检测。
5. 会更换氧传感器。

 任务引入

一辆丰田卡罗拉轿车，配置 1ZR-FE 发动机，出现尾气排放超标的故障。维修技师通过检查，读取到氧传感器的故障代码，现需要制订氧传感器故障检修的作业计划，并实施作业排除故障。

资料准备

1. 丰田卡罗拉轿车。
2. 丰田卡罗拉维修手册。
3. 汽车智能故障诊断仪。
4. 万用表。
5. 汽车维修常用工具。

相关知识

一、氧传感器的作用

氧传感器用来检测废气中的氧浓度，ECM 根据氧传感器传来的电压信号，判断混合气的空燃比。然后修正喷油量，从而使空燃比始终保持在理论空燃比附近，最终达到理想的排气净化效果。

小词典

空燃比：可燃混合气中空气和燃油的质量之比。

理论空燃比：当 1kg 燃油和 14.7kg 的空气混合时，空气中的氧气正好可以和燃油完全燃烧，这时的空燃比为 14.7:1，称为理论空燃比。

二、闭环控制和开环控制

1. 闭环控制（混合比反馈控制）

混合比反馈控制系统提供满足动力性能和排放控制要求的最佳空燃比。三元催化装置可以更有效地降低 CO、HC 和 NO_x 的排放。该系统在排气歧管上通过加热型氧传感器 1，监测发动机供油是过浓或过稀。ECM 根据传感器的电压信号，调整喷油脉冲的宽度，将空燃比维持在理想的空燃比范围内，如图 5-2-1 所示。

加热型氧传感器 2 位于三元催化转换器的下游位置。即使空燃比传感器 1 的开关特性改变，空燃比仍然可以根据加热型氧传感器 2 发出的信号，控制在理想空燃比范围内。

图 5-2-1　闭环控制过程

2. 开环控制

开环系统状态指的是 ECM 监测到下列的任一情况时，反馈控制将停止，以保持燃烧的稳定性。

- 减速和加速时；
- 大负荷，高速运转时；
- 加热型氧传感器 1 或其电路出现故障时；
- 发动机冷却液温度过低，不足以激活加热型氧传感器；
- 发动机冷却液温度过高；
- 暖机期间；
- N 挡换到 D 挡（A/T 车型）后；
- 启动发动机时。

三、氧传感器的安装位置

氧传感器安装在三元催化转换器的前后。安装在三元催化转换器前的氧传感器称为主氧传感器、上游氧传感器、前氧传感器或氧传感器 1，用来检测排气中的氧浓度，判断混合气的空燃比；安装在三元催化转换器后的氧传感器称为副氧传感器、下游氧传感器、后氧传感器或氧传感器 2，主要用于监测三元催化转换器的工作状态是否正常。

为了提高空燃比的检测精度，丰田卡罗拉轿车三元催化转换器前面使用空燃比传感器（B1 S1），三元催化转换器后面使用加热型氧传感器（B1 S2），如图 5-2-2 所示。

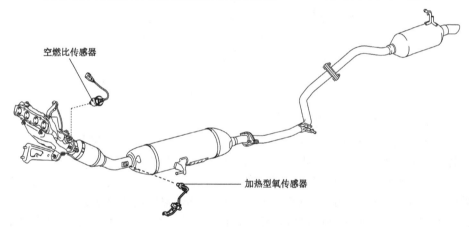

图 5-2-2　丰田卡罗拉轿车氧传感器安装位置

小词典

B1：指包括 1 号气缸*的气缸组。

*：1 号气缸是离变速器最远的气缸。

B2：指不包括 1 号气缸的气缸组。

S1：指距发动机总成最近的传感器。

S2：指距发动机总成最远的传感器。

四、氧传感器的分类

按传感器材料分：二氧化锆式和二氧化钛式。

按传感器加热分：加热型和非加热型。

按加热器结构分：平面型和杯型。

按传感器精度分：宽域氧传感器（空燃比传感器）和氧传感器。

按传感器接线分：四线传感器和六线传感器。

五、氧传感器的结构与工作原理

1．二氧化锆氧传感器

（1）二氧化锆氧传感器结构

二氧化锆氧传感器由固体电解质（二氧化锆元件）、铂电极、陶瓷涂层、加热器、外壳和电极引线等组成，如图 5-2-3 所示。在二氧化锆的内侧和外侧镀铂，铂的外面还有一层陶瓷，起保护铂电极的作用。氧传感器的内表面与外界空气相通，氧传感器的外表面与废气直接接触。

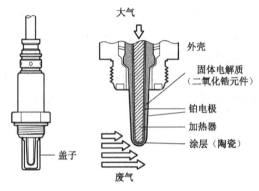

图 5-2-3　二氧化锆氧传感器结构

（2）二氧化锆氧传感器工作原理

在高温下氧气发生电离，当锆元件内部表面上的氧气浓度与外部表面上的氧气浓度相差较大时，锆元件就像一个微型电池向外输出电压，如图 5-2-4 所示。

当供给发动机的混合气较稀时，排出的废气中氧含量较高，传感器内、外两侧的氧气浓度差较小，因此，传感器产生的电压较小，即传感器输出电压几乎为零；当供给发动机的混合气较浓时，排出的废气中氧含量较少，传感器内、外两侧的氧气浓度差较大，因此，传感器产生的电压较大，即传感器输出电压接近 1V，如图 5-2-5 所示。ECM 根据传感器输出的电压信号，来控制燃油喷射量，使混合气的空燃比保持在理论空燃比附近。

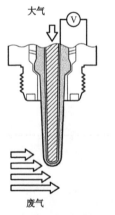

图 5-2-4　二氧化锆氧传感器工作原理

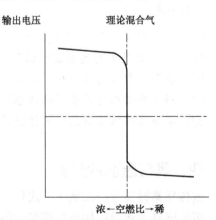

图 5-2-5　二氧化锆氧传感器输出特性

（3）二氧化锆氧传感器工作温度

二氧化锆氧传感器的工作温度一般在400℃以上，因此在发动机刚启动时，由于排气温度较低，氧传感器无法正常工作。为了使氧传感器迅速达到正常工作温度，加热型氧传感器为杯型传感器：杯型氧传感器内环绕着一个加热器，如图5-2-3所示，加热时间为30s左右。

2. 空燃比传感器

（1）空燃比传感器结构

空燃比传感器与氧传感器的结构基本相同，其结构上的差异在于加热型氧传感器是杯型氧传感器，而空燃比传感器是平面型传感器。平面型加热器采用导热性能和绝缘性能良好的氧化铝，将传感器元件与加热器集成为一体，如图5-2-6所示，从而提高传感器的预热性能，加热时间为10s左右。传感器元件的内表面暴露于外界空气中，传感器元件的外表面暴露在废气中。

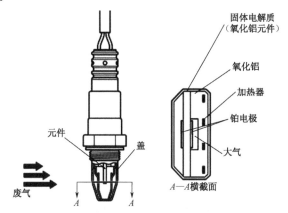

图5-2-6 空燃比传感器结构图

（2）空燃比传感器工作原理

常规氧传感器的特点是其输出电压会在理论空燃比阈值（14.7:1）处发生骤变；空燃比传感器数据与空燃比大致成比例变化，如图5-2-7所示。空燃比传感器能够提供精准的空燃比反馈信号给ECM，从而精确控制喷油时间，使气缸内混合气浓度始终保持理论空燃比。

持续向空燃比传感器施加约0.4V的电压，如图5-2-8所示，空燃比传感器的输出电流随废气中氧浓度的变化而变化（混合气浓导致空燃比传感器电流小，而混合气稀导致空燃比传感器电流大）。空燃比传感器是电流输出元件，ECM把输出电流的变化转换成电压信号。在空燃比传感器或ECM连接器上测量电压时，将始终显示恒定的电压值。

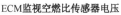

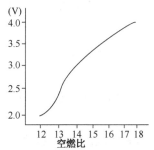

图5-2-7 空燃比传感器输出特性

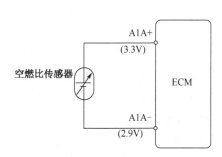

图5-2-8 空燃比传感器电路

六、氧传感器电路分析

1. 丰田卡罗拉 1ZR-FE 发动机加热型氧传感器工作电路（图 5-2-9）

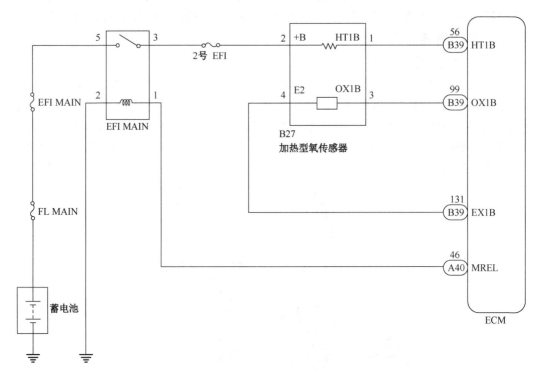

图 5-2-9　加热型氧传感器工作电路

（1）加热型氧传感器加热控制电路

ECM 的 A40 连接器 46 号 MREL 端子输出 12V 电压→EFI MAIN 继电器线圈→搭铁，继电器产生磁场吸合触点。

蓄电池正极→FL MAIN 保险丝→EFI MAIN 保险丝→EFI MAIN 继电器触点→2 号 EFI 保险丝→加热型氧传感器加热器→ECM 的 B39 连接器 56 号端子→ECM 内部电路→搭铁。

废气温度低时，加热型氧传感器无法正常工作，为了使加热型氧传感器迅速达到正常工作温度，ECM 利用占空比调节传感器加热器元件中的平均电流，加热型氧传感器进行加热。

（2）加热型氧传感器信号电路

混合气空燃比浓时，加热型氧传感器向 ECM 输送 1V 电压信号；混合气空燃比稀时，加热型氧传感器向 ECM 输送 0V 电压信号。

2. 丰田卡罗拉 1ZR-FE 发动机空燃比传感器工作电路（图 5-2-10）

（1）空燃比传感器加热控制电路

ECM 的 A40 连接器 46 号 MREL 端子输出 12V 电压→EFI MAIN 继电器线圈→搭铁，继电器产生磁场吸合触点。

蓄电池正极→FL MAIN 保险丝→EFI MAIN 保险丝→EFI MAIN 继电器触点→2 号 EFI 保险丝→空燃比传感器加热器→ECM 的 B39 连接器 27 号端子→ECM 内部电路→搭铁。

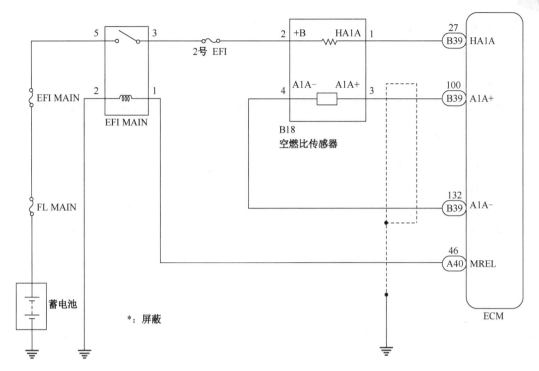

图 5-2-10　空燃比传感器工作电路

废气温度低时，空燃比传感器无法正常工作，为了使空燃比传感器迅速达到正常工作温度，ECM 利用占空比调节传感器加热器元件中的平均电流，对空燃比传感器进行加热。

（2）空燃比传感器信号电路

混合气浓度发生变化时，空燃比传感器的电流大小发生变化，ECM 把输出电流的变化转换成电压信号。

七、氧传感器失效保护

丰田卡罗拉轿车空燃比传感器出现故障时，ECM 进入失效保护模式。失效保护模式下，停止空燃比反馈控制，切断流向空燃比传感器加热器的电流。

空燃比传感器加热器出现故障时，ECM 进入失效保护模式。失效保护模式下，ECM 关闭空燃比传感器加热器。

加热型氧传感器加热器出现故障时，ECM 进入失效保护模式。失效保护模式下，ECM 关闭加热型氧传感器加热器。

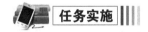
任务实施

一、氧传感器的检查

1. 检查氧传感器的加热器电阻

断开加热型氧传感器连接器，测量加热型氧传感器加热器的电阻，电阻一般为 11～

16Ω，如果不符合标准值，应更换加热型氧传感器。

2．检查氧传感器的供电电压

将点火开关置于 OFF 位置，断开加热型氧传感器连接器，将点火开关置于 ON 位置，测量加热型氧传感器+B 端子的电压，应为 11～14V，如果不符合标准值，应检查供电电路。

3．检查加热型氧传感器的信号电压

将点火开关置于 OFF 位置，断开加热型氧传感器连接器，使用测试跨接线将传感器串联起来。启动发动机至正常工作温度，使用万用表测量加热型氧传感器的信号电压：当发动机在浓混合气状态下运行时，其输出电压至少应达到 0.8V；当发动机在稀混合气状态下运行时，其电压应下降到 0.2V；在 10s 之内电压应在 0～1.0V 变化至少 8 次。如果不正常，可能氧传感器故障，或其他系统导致混合气过稀或过浓。

4．氧传感器外观检查

在对氧传感器进行检查时，有时通过观察氧传感器顶尖的颜色也可知道故障原因。氧传感器顶尖的正常颜色为淡灰色，一旦发现氧传感器顶尖的颜色发生变化时，就预示着氧传感器存在着故障或故障隐患。

黑色顶尖的氧传感器是由碳污染造成的，拆下后，应清除其上的积碳沉积。当发现氧传感器顶尖为红棕色，则说明氧传感器受铅污染，这是由于汽车使用了含铅汽油所致。汽车在使用含铅汽油行驶 500km 左右，氧传感器的整个性能将基本丧失，从而使三元催化转换器中毒，使其净化效率大大降低，甚至不起净化作用。

白色顶尖的氧传感器是硅污染造成的。这是由于发动机在维修时，使用了不符合要求的硅密封胶，此时必须更换氧传感器。任何含有醋酸（起硫化作用）的硅密封胶都会损害氧传感器。硅胶也叫室温硫化（RTV）胶。含醋酸的硅胶，如果用于发动机上润滑油流动的部位，醋酸会蒸发进入曲轴箱或气门区，然后经过废气再循环系统进入进气管，在正常工况下，就会经发动机由排气管排出，从而损害氧传感器。

5．氧传感器故障代码"氧传感器电路电压过低（过高）"分析

（1）故障代码含义。

在闭环操作期间，ECM 始终监视加热型氧传感器信号，通过增减喷油器脉宽来补偿过浓或过稀的状况。ECM 调整的结果是氧传感器信号电压在 0.1～0.9V 波动。如果 ECM 检测到氧传感器电压过低（过高）并保持相当长的一段时间，将设置故障代码氧传感器电路电压过低（过高）。

（2）诊断。

检查燃油压力是否太低，造成混合气变稀，氧传感器信号电压降低。

检查喷油器是否堵塞。

检查真空软管是否断开或损坏，如进气歧管、节气门体、废气再循环系统和曲轴箱通风系统真空管是否泄漏。

检查排气是否泄漏，引起外部空气被吸入，使得系统表现稀薄。

空气流量（MAF）传感器是否不良，可断开 MAF 传感器，如果过稀状况得到校正，说明 MAF 信号不良。

检查燃油是否污染，如燃油中有少量的水及酒精都会导致燃油系统变稀。

若以上检查均正常，更换氧传感器。

二、使用智能诊断仪进行主动测试确定故障范围

使用智能故障诊断仪对丰田卡罗拉轿车进行主动测试，将喷油量减少 12.5% 或增加 12.5%，读取空燃比传感器（B1 S1）和加热型氧传感器（B1 S2）的数据流，通过分析数据流可以确定空燃比传感器、加热型氧传感器和其他可能的故障部位，缩小维修范围，操作步骤如下。

（1）将智能故障诊断仪连接到 DLC3。

（2）启动发动机。

（3）打开智能故障诊断仪。

（4）以 2500 r/min 的转速运转发动机约 90s 以暖机。

（5）进入以下菜单：Powertrain / Engine and ECT / Active Test / Control the Injection Volume for A/F Sensor / All Data / AFS Voltage B1 S1 and O2S B1 S2。

（6）在发动机怠速运转状态下，进行主动测试操作（按下 12.5% 或 –12.5% 按钮以改变燃油喷射量）。

（7）监视智能故障诊断仪上显示的空燃比和加热型氧传感器（AFS Voltage B1 S1 和 O2S B1 S2）的输出电压。

正常状态：控制 A/F 传感器（空燃比传感器）喷油量操作可以使燃油喷射量减少 12.5% 或增加 12.5%，每个传感器根据燃油喷射量的增加和减少做出响应，见表 5-2-1；动作测试过程中，读取空燃比和加热型氧传感器的输出电压绘制成图表，可能出现的故障部位见表 5-2-2。

表 5-2-1 调整喷油量时氧传感器的输出电压

传 感 器	喷 油 量	状 态	电 压
AFS Voltage B1 S1 （空燃比传感器）	12.5%	浓	低于 3.1 V
	–12.5%	稀	高于 3.4 V
B1 S2 （加热型氧传感器）	12.5%	浓	高于 0.55 V
	–12.5%	稀	低于 0.4 V

【注意】空燃比传感器的输出延迟数秒，加热型氧传感器的输出延迟最长可达约 20s。

表 5-2-2　空燃比和加热型氧传感器的输出电压绘制成图表

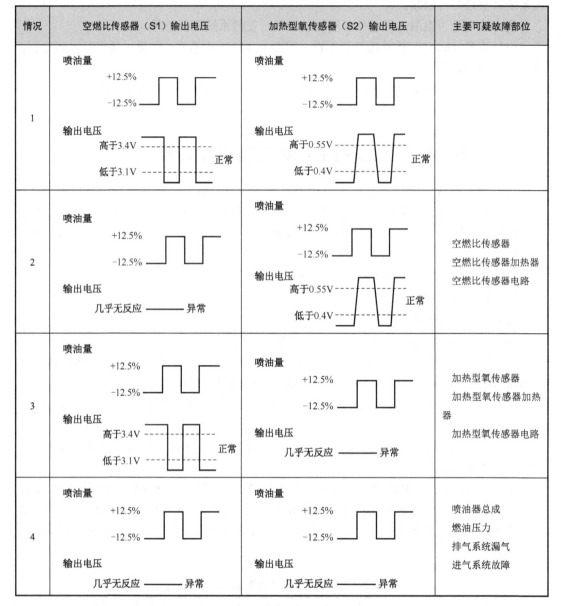

情况	空燃比传感器（S1）输出电压	加热型氧传感器（S2）输出电压	主要可疑故障部位
1	喷油量 +12.5% / -12.5%；输出电压 高于3.4V / 低于3.1V　正常	喷油量 +12.5% / -12.5%；输出电压 高于0.55V / 低于0.4V　正常	
2	喷油量 +12.5% / -12.5%；输出电压 几乎无反应　异常	喷油量 +12.5% / -12.5%；输出电压 高于0.55V / 低于0.4V　正常	空燃比传感器 空燃比传感器加热器 空燃比传感器电路
3	喷油量 +12.5% / -12.5%；输出电压 高于3.4V / 低于3.1V　正常	喷油量 +12.5% / -12.5%；输出电压 几乎无反应　异常	加热型氧传感器 加热型氧传感器加热器 加热型氧传感器电路
4	喷油量 +12.5% / -12.5%；输出电压 几乎无反应　异常	喷油量 +12.5% / -12.5%；输出电压 几乎无反应　异常	喷油器总成 燃油压力 排气系统漏气 进气系统故障

三、丰田卡罗拉轿车氧传感器的故障排除步骤

1. 空燃比传感器（B1 S1）加热器控制电路故障排除步骤

（1）步骤一：检查空燃比传感器（加热器电阻）。

① 将点火开关置于 OFF 位置。

② 断开空燃比传感器连接器，如图 5-2-11 所示。

③ 按表 5-2-3，检测空燃比传感器的加热器电阻值并记录。

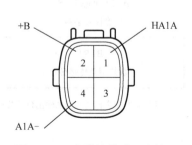

图 5-2-11　空燃比传感器连接器

发动机尾气排放超标故障诊断与排除

表 5-2-3　检测空燃比传感器的加热器电阻

检测仪连接	标准值	测量值	维修意见
HA1A（1）— +B（2）	1.6～3.2Ω		□正常　□不正常
HA1A（1）— A1A-（4）	10 kΩ 或更大		□正常　□不正常

正常——转至步骤二。

异常——更换空燃比传感器。

（2）步骤二：检查端子电压（空燃比传感器电源）。

① 断开空燃比传感器连接器 B18，如图 5-2-12 所示。

② 将点火开关置于 ON 位置。

③ 按表 5-2-4 所示检测空燃比传感器加热器+B 电压并记录。

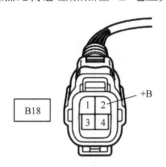

图 5-2-12　丰田卡罗拉轿车空燃比传感器连接器

表 5-2-4　空燃比传感器加热器+B 电压

检测仪连接	标准值	测量值	维修意见
+B（B18-2）—车身接地	11～14V		□正常　□不正常

正常——转至步骤三。

异常——维修或更换线束或连接器（空燃比传感器—EFI 主继电器）。

（3）步骤三：检查线束和连接器（空燃比传感器—ECM）。

① 断开空燃比传感器连接器 B18，如图 5-2-12 所示。

② 断开 ECM 连接器，如图 5-2-13 所示。

③ 按表 5-2-5 所示检测空燃比传感器与 ECM 之间线束的电阻并记录。

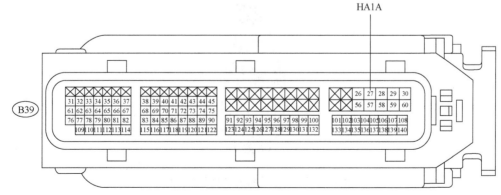

图 5-2-13　ECM 连接器

表 5-2-5　检测空燃比传感器与 ECM 之间线束的电阻

检测仪连接	标准值	测量值	维修意见
HA1A（B18-1）—HA1A（B39-27）	小于 1 Ω		□正常　□不正常
HA1A（B18-1）或 HA1A（B39-27）—车身接地	10 kΩ 或更大		□正常　□不正常

正常——更换 ECM。

异常——维修或更换线束或连接器。

2. 加热型氧传感器（B1 S2）加热器控制电路故障排除步骤

（1）步骤一：检查加热型氧传感器（加热器电阻）。

① 将点火开关置于 OFF 位置。

② 断开加热型氧传感器连接器，如图 5-2-14 所示。

③ 按表 5-2-6 所示检测加热型氧传感器的加热器电阻值并记录。

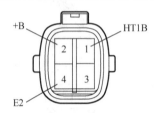

图 5-2-14　加热型氧传感器连接器

表 5-2-6　检测加热型氧传感器的加热器电阻

检测仪连接	标准值	测量值	维修意见
HT1B（1）—+B（2）	11～16 Ω		□正常　□不正常
HT1B（1）—E2（4）	10 kΩ 或更大		□正常　□不正常

正常——转至步骤二。

异常——更换加热型氧传感器。

（2）步骤二：检查端子电压（加热型氧传感器电源）。

① 断开加热型氧传感器连接器 B27，如图 5-2-15 所示。

② 将点火开关置于 ON 位置。

③ 按表 5-2-7 所示检测加热型氧传感器加热器+B 电压并记录。

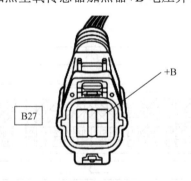

图 5-2-15　加热型氧传感器连接器 B27

表 5-2-7　检测加热型氧传感器+B 电压

检测仪连接	标准值	测量值	维修意见
+B（B27-2）—车身搭铁	11～14V		□正常　□不正常

正常——转至步骤三。

异常——维修或更换线束或连接器（加热型氧传感器—EFI 主继电器）。

（3）步骤三：检查线束和连接器（加热型氧传感器—ECM）。

① 断开加热型氧传感器连接器 B27，如图 5-2-15 所示。

② 断开 ECM 连接器，如图 5-2-16 所示。

③ 按表 5-2-8 所示检测加热型氧传感器与 ECM 之间线束电阻并记录。

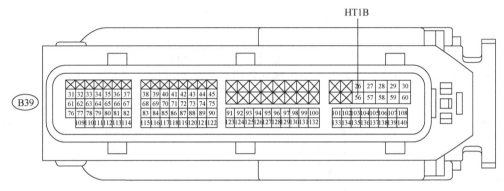

图 5-2-16　ECM 连接器

表 5-2-8　检测加热型氧传感器与 ECM 之间线束的电阻

检测仪连接	标准值	测量值	维修意见
HT1B（B27-1）—HT1B（B39-56）	小于 1 Ω		□正常　□不正常
HT1B（B27-1）或 HT1B（B39-56）—车身接地	10 kΩ 或更大		□正常　□不正常

正常——更换 ECM。

异常——维修或更换线束或连接器。

3. 空燃比传感器（B1 S1）信号不正常的故障排除步骤

（1）步骤一：检查是否输出其他 DTC（除空燃比传感器（B1 S1）信号不正常外）。

① 将智能故障诊断仪连接到 DLC3。

② 将点火开关置于 ON 位置。

③ 打开智能故障诊断仪。

④ 进入以下菜单：Powertrain / Engine and ECT / Trouble Codes。

⑤ 读取 DTC，见表 5-2-9。

表 5-2-9　读取 DTC

结　　果	维修意见
空燃比传感器（B1 S1）信号故障	转至步骤二
空燃比传感器（B1 S1）信号和加热型氧传感器（B1 S2）信号故障	
空燃比传感器（B1 S1）信号和其他故障	先排除其他故障

正常——转至步骤二。

异常——更换加热型氧传感器。

（2）步骤二：确认车辆是否曾耗尽燃油。

是——清除 DTC。

否——转至步骤三。

（3）步骤三：使用智能故障诊断仪读取 AFS 电流 B1 S1 值。

① 将智能故障诊断仪连接到 DLC3。

② 将点火开关置于 ON 位置。

③ 打开智能故障诊断仪。

④ 清除 DTC。

⑤ 进入以下菜单：Powertrain / Engine and ECT / Data List / All Data / AFS Current B1 S1。

⑥ 按照以下模式反复操作发动机"怠速—加速至 2500r/min 以上—4s 以上降至怠速—加速至 2500r/min 以上"，检查空燃比传感器输出电流的测试值，见表 5-2-10。

表 5-2-10　检查空燃比传感器输出电流的测试值

结　果	维修意见
在正常范围内（0.7 mA 或更大，且小于 2.2 mA）	转至步骤四
超出正常范围（小于 0.7 mA，或 2.2 mA 或更大）	更换空燃比传感器

（4）步骤四：使用智能故障诊断仪进行主动测试（控制 A/F 传感器的喷油量）。

① 将智能故障诊断仪连接到 DLC3。

② 启动发动机。

③ 打开智能故障诊断仪。

④ 使发动机以 2500 r/min 转速持续运转 90s，预热空燃比传感器。

⑤ 进入以下菜单：Powertrain / Engine and ECT / Active Test / Control the Injection Volume for A/F Sensor / All Data / AFS Voltage B1 S1 and O2S B1 S2。

⑥ 发动机怠速运转时，进行控制 A/F 传感器喷油量操作。

⑦ 监视智能故障诊断仪上显示的空燃比和加热型氧传感器（AFS Voltage B1 S1 和 O2S B1 S2）的输出电压，见表 5-2-11。

表 5-2-11　空燃比和加热型氧传感器的输出电压

AFS Voltage B1 S1 状态	O2S B1 S2 状态	空燃比状态和空燃比传感器状态	转　至
稀	稀	实际空燃比偏稀	转至步骤五
浓	浓	实际空燃比偏浓	
稀	稀/浓	空燃比传感器故障	更换空燃比传感器
浓	稀/浓	空燃比传感器故障	
稀/浓	稀/浓	正常	正常

稀：控制 A/F 传感器喷油量主动测试期间，空燃比传感器输出电压（AFS Voltage B1 S1）始终高于 3.4 V，加热型氧传感器输出电压（O2S B1 S2）始终低于 0.4 V。

浓：控制 A/F 传感器喷油量主动测试期间，AFS Voltage B1 S1 始终低于 3.1 V，O2S

B1 S2 始终高于 0.55 V。

稀/浓：控制 A/F 传感器喷油量主动测试过程中，空燃比传感器和加热型氧传感器的输出电压正确地交替变化。

（5）步骤五：检查进气系统。

检查进气系统是否存在真空泄漏，如图 5-2-17 所示。

图 5-2-17　检查并确认进气系统没有真空泄漏

正常——转至步骤六。

异常——维修或更换进气系统。

（6）步骤六：检查废气是否泄漏。

正常——转至步骤七。

异常——维修或更换排气系统。

（7）步骤七：检查燃油压力。

正常——转至步骤八。

异常——转至步骤十一。

（8）步骤八：检查喷油器总成。

检查喷油器总成的喷油情况（喷油量是高还是低，喷油方式是否不良）。

正常——转至步骤九。

异常——更换喷油器总成。

（9）步骤九：更换空燃比传感器。

【提示】更换空燃比传感器后，执行"维修后检查"命令。

（10）步骤十：检查是否再次输出 DTC。

① 将智能故障诊断仪连接到 DLC3。

② 将点火开关置于 ON（IG）位置。

③ 打开智能故障诊断仪。

④ 清除 DTC：Powertrain / Engine and ECT / Clear DTCs。

⑤ 将点火开关置于 OFF 位置，并至少等待 30s。

⑥ 将点火开关置于 ON（IG）位置。

⑦ 打开智能故障诊断仪。

⑧ 启动发动机并暖机。

⑨ 按照确认行驶模式中所述的行驶模式驾驶车辆。

⑩ 进入以下菜单：Powertrain / Engine and ECT / Utility / All Readiness，读取 DTC。输出 DTC 见表 5-2-12。

表 5-2-12　检查空燃比传感器输出电流的测试值

结　　果	维修意见
ABNORMAL（输出空燃比传感器 DTC）	更换 ECM
NORMAL（未输出 DTC）	结束

（11）步骤十一：检查燃油管路。

检查燃油管路是否泄漏或堵塞。

正常——更换燃油泵。

异常——维修或更换燃油管路。

任务 3　检修燃油蒸发控制系统

　任务目标

1. 能叙述燃油蒸发控制系统的作用。

2. 能确认燃油蒸发控制系统的故障现象。

3. 会识读燃油蒸发控制系统的电路图。

4. 能检修燃油蒸发控制系统。

5. 会更换活性炭罐和净化 VSV（净化真空开关阀）。

　任务引入

一辆丰田卡罗拉轿车，配置 1ZR-FE 发动机，出现尾气排放超标的故障。维修技师通过检查，读取到燃油蒸发控制系统的故障，现需要制订燃油蒸发控制系统故障检修的作业计划，并实施作业排除故障。

　资料准备

1. 丰田卡罗拉轿车。

2．丰田卡罗拉轿车维修手册。

3．汽车智能故障诊断仪。

4．万用表。

5．汽车维修常用工具。

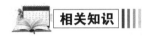 相关知识

一、燃油蒸发控制系统的作用

燃油蒸发控制系统是将燃油箱内蒸发的燃油蒸汽存储下来，车辆运行时，再将其送进发动机燃烧室内燃烧。防止燃油蒸汽进入大气，造成环境污染。

二、燃油蒸发控制系统的组成

燃油蒸发控制系统主要由活性炭罐、净化 VSV（Vacuum Switching Value，真空开关阀）、油箱及油气管路等组成，如图 5-3-1 所示。

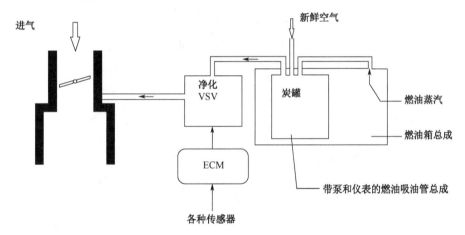

图 5-3-1　丰田卡罗拉轿车燃油蒸发控制系统

1．活性炭罐

活性炭罐内装满活性炭颗粒，使用活性炭吸收燃油箱总成内产生的燃油蒸汽。丰田卡罗拉轿车炭罐与燃油泵一起安装在油箱中，活性炭罐的净化口与净化 VSV 相连，EVAP 口与燃油箱相连，新鲜空气口与大气相通，如图 5-3-2 所示。日产骐达轿车炭罐安装在油箱侧面，如图 5-3-3 所示。

2．炭罐电磁阀

炭罐电磁阀也称净化 VSV，根据 ECM 的信号打开和关闭该阀来控制燃油蒸汽排放的流率。净化 VSV 安装在气缸盖顶部，如图 5-3-4 所示，处于活性炭罐与进气歧管之间。

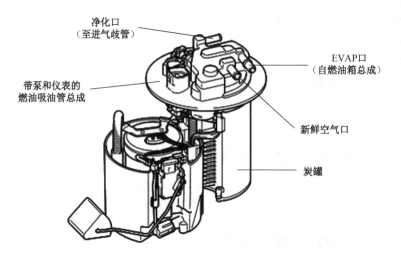

图 5-3-2　丰田卡罗拉轿车活性炭罐结构

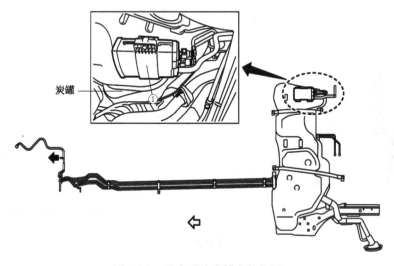

图 5-3-3　日产骐达炭罐安装位置

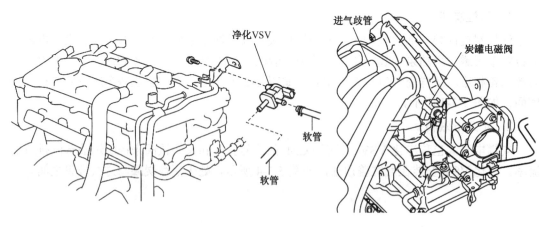

（a）丰田卡罗拉轿车　　　　　　　　（b）日产骐达轿车

图 5-3-4　炭罐电磁阀安装位置

三、燃油蒸发控制系统工作原理

当发动机处于停机、怠速工况、减速工况或冷却液温度较低时，净化 VSV 关闭，活性炭罐中的燃油蒸汽无法进入进气歧管，以确保发动机的工作稳定性。

当发动机处于中高速且冷却液温度达到正常工作温度时，ECM 根据各种传感器的信号，ECM 改变向净化 VSV 发送的占空比信号，从而控制其开度大小，以使炭罐内燃油蒸汽（HC）排放的进气量与行驶状态（发动机负荷、发动机转速、车速等）相适应。

四、燃油蒸发控制系统电路分析

丰田卡罗拉 1ZR-FE 发动机净化 VSV 控制电路如图 5-3-5 所示。

ECM 的 A40 连接器 46 号端子→EFI MAIN 继电器线圈→搭铁，EFI MAIN 继电器触点闭合。

蓄电池正极→FL MAIN 保险丝→EFI MAIN 保险丝→EFI MAIN 继电器触点→2 号 EFI 保险丝→净化 VSV→ECM 的 B39 连接器 33 号端子→ECM 内部搭铁，ECM 通过占空比信号控制净化 VSV 的开度。

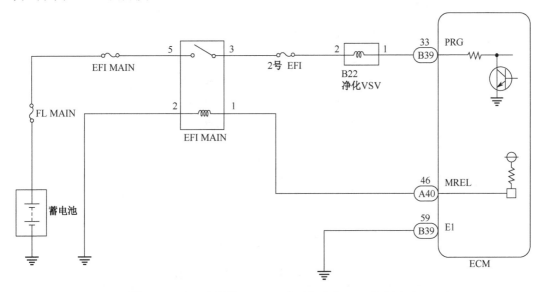

图 5-3-5　丰田卡罗拉 1ZR-FE 发动机净化 VSV 控制电路

任务实施

一、燃油蒸汽排放控制系统的外观检查

（1）目视检查管路与接头，检查有无松开的接头、急剧弯曲或损坏。

（2）目视检查燃油箱有无变形、开裂或燃油泄漏。

（3）目视检查加油口盖是否变形、损坏。

（4）目视检查净化 VSV 有无开裂。

（5）目视检查活性炭罐外壳有无开裂、损坏。

二、检查燃油蒸汽排放控制系统净化控制阀

（1）步骤一：使用智能故障诊断仪进行主动测试（激活 EVAP 控制的 VSV）。

① 滑动卡子，从净化 VSV 上断开燃油蒸汽供给软管（炭罐侧），如图 5-3-6 所示。

② 将智能检测仪连接到 DLC3 上。

③ 将点火开关置于 ON 位置。

④ 启动发动机。

⑤ 打开智能检测仪。

⑥ 进入以下菜单：Powertrain / Engine and ECT / Active Test / Activate the VSV for Evap Control。

⑦ 使用智能故障诊断仪操作净化 VSV 时，检查净化 VSV 端口是否对手指有吸力，见表 5-3-1。

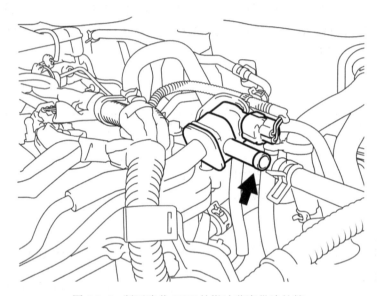

图 5-3-6　断开净化 VSV 的燃油蒸汽供给软管

表 5-3-1　智能故障诊断仪对净化 VSV 动作测试

智能故障诊断仪操作	标准值	测量值	维修意见
ON	净化 VSV 端口对手指有吸力		□正常　□不正常
OFF	净化 VSV 端口对手指没有吸力		□正常　□不正常

正常——检查间歇性故障。

异常——转至步骤二。

（2）步骤二：检测净化 VSV。

① 断开净化 VSV 连接器。

② 从净化 VSV 上拆下两条燃油蒸发排放软管。

③ 拆下 VSV。

④ 按图 5-3-7 所示，检测净化 VSV 的电阻并记录于表 5-3-2 中。

⑤ 在净化 VSV 的端子之间施加蓄电池电压，如图 5-3-8 所示，检查并确认向端口（E）吹入空气时出现以下情况（表 5-3-3）。

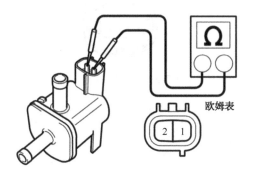

图 5-3-7　检测净化 VSV 的电阻

表 5-3-2　检测净化 VSV 的电阻 1

检测仪连接	标准值	测量值	维修意见
1—2	23～26 Ω		□正常　□不正常

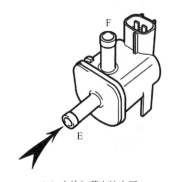
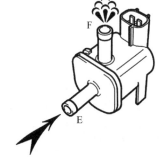
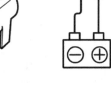

（a）未施加蓄电池电压　　　　　　　　（b）施加蓄电池电压

图 5-3-8　检测净化 VSV

表 5-3-3　检测净化 VSV 的电阻 2

检测仪连接	标准值	测量值	维修意见
在端子 1 和 2 之间施加蓄电池电压	空气从端口（F）流出		□正常　□不正常
未在端子 1 和 2 之间施加蓄电池电压	空气不流动		□正常　□不正常

正常——转至步骤三。

异常——更换净化 VSV。

（3）步骤三：检查端子电压（净化 VSV 电源）

① 断开净化 VSV 连接器，如图 5-3-9 所示。

② 将点火开关置于 ON 位置。

③ 按表 5-3-4 所示检测净化 VSV 的 +B 电压并记录。

图 5-3-9　净化 VSV 连接器

表 5-3-4　检测净化 VSV 的+B 电压

检测仪连接	标准值	测量值	维修意见
B22-2—车身接地	11～14V		□正常　□不正常

正常——转至步骤四。

异常——转至步骤五。

（4）步骤四：检查线束和连接器（净化 VSV—ECM）。

① 断开净化 VSV 连接器，如图 5-3-9 所示。

② 断开 ECM 连接器，如图 5-3-10 所示。

③ 按表 5-3-5 所示检测净化 VSV 与 ECM 之间线束的电阻并记录。

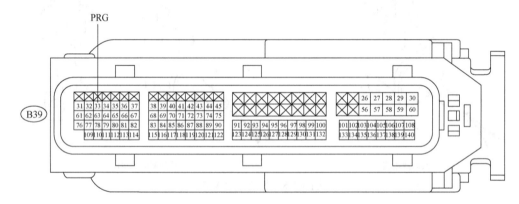

图 5-3-10　ECM 连接器

表 5-3-5　检测净化 VSV 与 ECM 之间线束的电阻

检测仪连接	标准值	测量值	维修意见
B22-1—B39-33（PRG）	小于 1 Ω		□正常　□不正常
B22-1 或 B39-33（PRG）—车身接地	10 kΩ 或更大		□正常　□不正常

正常——更换 ECM。

异常——修理或更换线束或连接器。

（5）步骤五：检查保险丝（2 号 EFI 保险丝）。

① 从发动机室继电器盒上拆下 2 号 EFI 保险丝，如图 5-3-11 所示。

② 按表 5-3-6 所示检测 2 号 EFI 保险丝的电阻并记录。

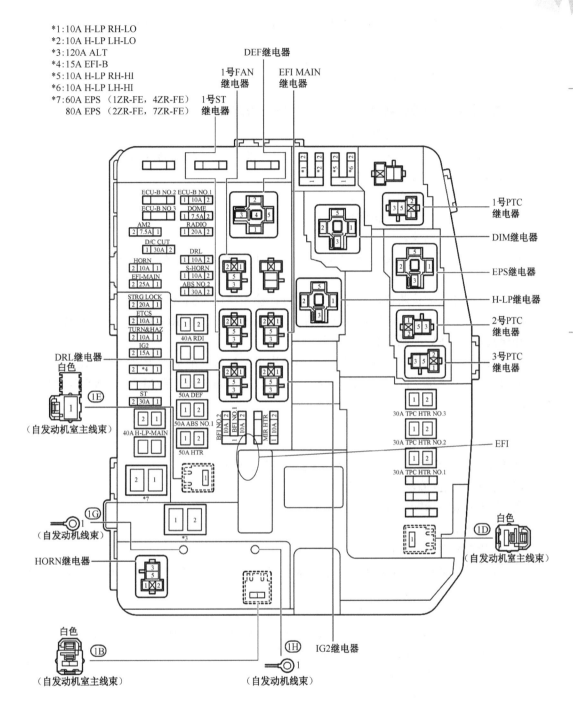

图 5-3-11　EFI No.2 保险丝的安装位置

表 5-3-6　检测 2 号 EFI 保险丝的电阻

检测仪连接	标准值	测量值	维修意见
2 号 EFI 保险丝	小于 1 Ω		□正常　□不正常

正常——修理或更换线束或连接器（EFI MAIN 继电器—净化 VSV）。

异常——更换 2 号 EFI 保险丝。

三、检查活性炭罐

1. 检查炭罐（燃油吸油盘分总成）（燃油箱盖方法）

（1）检查燃油蒸汽排放控制系统。

① 滑动卡子，从净化 VSV 上断开燃油蒸汽供给软管（炭罐侧），如图 5-3-6 所示。

② 将智能检测仪连接到 DLC3 上。

③ 将点火开关置于 ON 位置。

④ 启动发动机，使发动机暖机。

⑤ 打开智能检测仪。

⑥ 进入以下菜单：Powertrain / Engine and ECT / Active Test / Activate the VSV for EVAP Control。

⑦ 使用智能故障诊断仪操作净化 VSV 时，检查净化 VSV 口是否对手指有吸力。

⑧ 如果未出现真空，则检查以下项目：净化 VSV、ECM PRG 端子电压、连接进气歧管和净化阀净化 VSV 的燃油蒸汽供给软管。

⑨ 退出主动测试模式，连接 1 号燃油蒸汽供给软管并滑动卡子以将其固定。

⑩ 进入以下菜单：Powertrain / Engine and ECT / Data List / EVAP Purge VSV，读取净化 VSV 的数据流。

⑪ 驾驶车辆。

⑫ 确认净化 VSV 打开。

如果结果不符合规定，则更换净化 VSV、线束或 ECM。

（2）检查空气滤清器是否阻塞。

① 将智能故障诊断仪连接到 DLC3。

② 启动发动机。

③ 打开智能故障诊断仪。

④ 进入以下菜单：Powertrain / Engine and ECT / Active Test / Activate the VSV for EVAP Control。

⑤ 打开燃油箱盖总成以释放燃油箱总成中的压力。

⑥ 发动机怠速运转时，进行"Activate the VSV for EVAP Control"主动测试。

⑦ 关闭燃油箱盖总成并使发动机怠速运转 30s。

⑧ 再次打开燃油箱盖总成并检查吸气声。

正常：听不到嘶嘶声（吸气声）。

【提示】如果闻到汽油味并听到嘶嘶声（放气声），则正在释放燃油箱总成中的正压。这并不表示存在故障。

2. 检查炭罐（燃油吸油盘分总成）

（1）目视检查炭罐（燃油吸油盘分总成）气密性。

检查炭罐是否破裂或损坏，且检查并确认无汽油味。

（2）检查炭罐（燃油吸油盘分总成）的通风情况。

用手指堵住 EVAP 口，向净化口吹入压缩空气，如图 5-3-12 所示。

正常：空气从新鲜空气口流出。

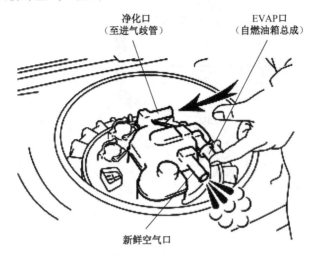

图 5-3-12　检查炭罐的通风情况

（3）检查单向阀。

① 用手指堵住新鲜空气口，向净化口吹入压缩空气，如图 5-3-13 所示。

正常：空气从 EVAP 口流出。

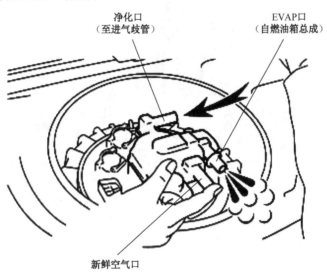

图 5-3-13　检查单向阀

② 用手指堵住新鲜空气口，使用真空泵向净化口施加真空，如图 5-3-14 所示。

正常：最初保持真空。随后逐渐增加真空，当真空达到某种水平后空气流动且真空降低。

（4）检查空气滤清器是否阻塞。

① 通过三通连接器、软管和真空泵将燃油软管连接到炭罐（燃油吸油盘分总成）上，如图 5-3-15 所示。

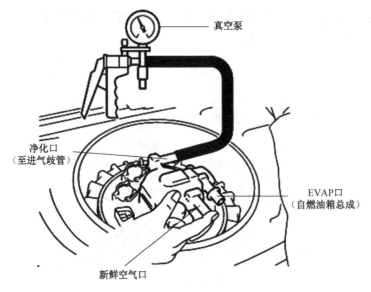

图 5-3-14　真空法检查单向阀

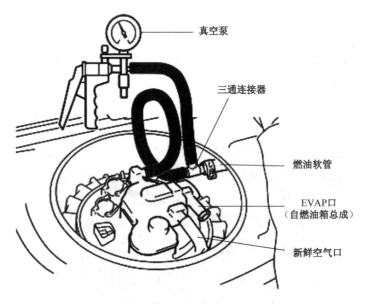

图 5-3-15　检查空气滤清器是否阻塞

② 将智能故障诊断仪连接到 DLC3。

③ 启动发动机。

④ 打开智能故障诊断仪。

⑤ 进入以下菜单：Powertrain / Engine and ECT / Active Test / Activate the VSV for EVAP Control。

⑥ 发动机怠速运转时，进行"Activate the VSV for EVAP Control"主动测试。

⑦ 检查真空泵上的指针。

正常：真空泵的指针未从初始位置上升。

【提示】由于发动机振动等原因指针可能摇摆，但如果其立即返回初始位置，则无故障。

任务4 检修曲轴箱强制通风系统

任务目标 ||||

1. 能叙述曲轴箱强制通风系统的作用。
2. 能叙述曲轴箱强制通风系统的组成。
3. 能叙述曲轴箱强制通风系统的工作过程。
4. 能检测 PCV 阀。
5. 会更换 PCV 阀。

任务引入 ||||

一辆丰田卡罗拉轿车，配置 1ZR-FE 发动机，出现尾气排放超标、怠速不稳的故障。维修技师通过检查，发现是由曲轴箱强制通风系统故障导致，现需要制订曲轴箱强制通风系统故障检修的作业计划，并实施作业排除故障。

资料准备 ||||

1. 丰田卡罗拉轿车。
2. 丰田卡罗拉轿车维修手册。
3. 汽车智能故障诊断仪。
4. 万用表。
5. 汽车维修常用工具。

相关知识 ||||

一、曲轴箱强制通风系统的作用

曲轴箱强制通风系统的作用是将曲轴箱的窜气引入进气侧，进入气缸燃烧，提高排放性能。

根据发动机工作状态将回收的窜气调至合适量，以减小消耗的发动机机油量和对发动机怠速转速的影响。

小词典

曲轴箱窜气是在发动机工作过程中，部分未完全燃烧的燃油混合气从活塞与气缸壁之间的间隙窜入曲轴箱，这部分气体称为曲轴箱窜气。曲轴箱窜气的主要成分是未燃烧的碳氢化合物（HC），它会加快机油的变质、浪费燃料、污染大气等。

二、曲轴箱强制通风系统结构

曲轴箱强制通风（PCV）系统主要由 PCV 阀、通风软管、2 号通风软管和机油分离器等组成，如图 5-4-1 所示。

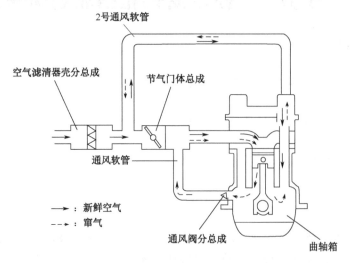

图 5-4-1　曲轴箱强制通风系统结构

　　PCV 阀的作用是根据发动机的不同工况，控制进入发动机中的窜气量，其结构如图 5-4-2 所示。丰田卡罗拉轿车 PCV 阀安装在发动机缸体上，如图 5-4-3 所示。机油分离器位于气缸体分总成内。为了确保曲轴箱内有较高的气压，在气缸盖和节气门前的进气管之间加装 2 号通风软管。

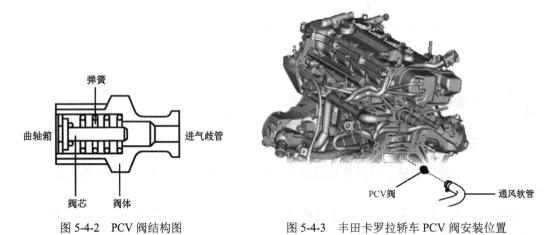

图 5-4-2　PCV 阀结构图　　　　　图 5-4-3　丰田卡罗拉轿车 PCV 阀安装位置

三、曲轴箱通风系统的工作过程

　　曲轴箱强制通风（PCV）系统的工作过程如图 5-4-1 所示，各工况下 PCV 阀的工作状态如下所述。

1．发动机不工作时

　　发动机不工作时，进气歧管没有真空，阀芯在弹簧的作用下，处于关闭状态，阀芯的密封面与阀底部接触，关闭阀的入口，如图 5-4-4 所示。

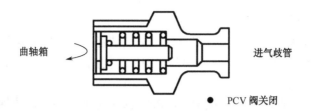

- PCV 阀关闭

图 5-4-4　发动机不运转或回火时

2．发动机发生回火时

当发动机发生回火时，火焰传播到进气歧管进入 PCV 阀内，火焰的压力压紧阀芯，使其关闭，如图 5-4-4 所示，以防止火焰传到曲轴箱中。如果系统没有 PCV 阀，发动机回火时，曲轴箱中的燃油蒸汽就有发生爆炸的危险。

3．发动机怠速或减速时

在怠速或减速时，进气歧管的真空度非常高，阀芯被吸到最上位置。这时阀芯与阀体之间，有一条小缝隙，如图 5-4-5 所示。在怠速或减速时，窜入到曲轴箱的燃油蒸汽少，窜气可以从 PCV 阀的小缝隙流出，从通风软管进入进气歧管。

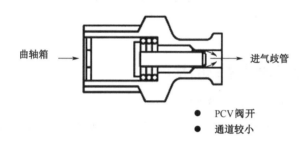

- PCV阀开
- 通道较小

图 5-4-5　发动机怠速或减速时

4．部分节气门开度时

当发动机处于部分负荷时，进气歧管的真空度比怠速时减小。弹簧向下推压阀芯，使阀芯与阀体之间的缝隙增大，如图 5-4-6 所示。此时窜入曲轴箱的燃油蒸汽比怠速时多，因此，窜气通过 PCV 阀的缝隙，进入到进气歧管。

为了提高曲轴箱内的空气净化性能，新鲜空气通过 2 号通风软管进入曲轴箱，如图 5-4-1 所示。

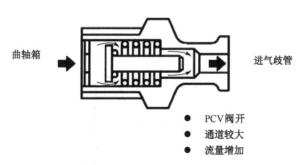

- PCV阀开
- 通道较大
- 流量增加

图 5-4-6　部分节气门开度时

发动机尾气排放超标故障诊断与排除

5．发动机加速或大负荷时

在发动机加速或大负荷时，节气门全开，进气歧管的真空度非常低，弹簧将阀芯进一步向下推压，如图 5-4-7 所示。从而使阀芯与阀体之间的缝隙更大，窜气通过 PCV 阀进入进气歧管的燃油蒸汽最多。

发动机负载高时，曲轴箱窜气量增加，PCV 阀满足不了要求，曲轴箱内压力增大，部分窜气通过气缸饰盖顶部的 2 号通风软管，进入节气门前方的进气管，与 PCV 阀一起循环窜气，如图 5-4-1 所示。

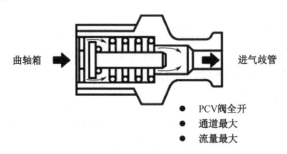

- PCV阀全开
- 通道最大
- 流量最大

图 5-4-7　发动机加速或大负荷时

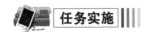任务实施

一、曲轴箱强制通风系统的检测

1．曲轴箱强制通风系统的故障现象

当 PCV 阀和软管堵塞时，将造成怠速不稳、失速或怠速过低、漏机油和曲轴箱及气门室罩油泥增加等。

当 PCV 阀和软管泄漏时，将造成尾气排放超标、怠速不稳、怠速失速和怠速过高等故障。

2．曲轴箱强制通风系统的检查

（1）从 PCV 阀上拔下通风软管。

（2）拆下 PCV 阀。

（3）启动发动机。

（4）将手指按在 PCV 阀的通风软管上，如图 5-4-8 所示，应感觉有吸力，否则通风软管堵塞或泄漏。

通风软管

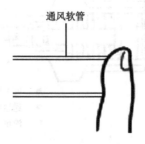

图 5-4-8　拇指按在 PCV 阀的通风软管上

（5）将 PCV 阀装回通风软管上，手指按在 PCV 阀上，如图 5-4-9 所示，应感觉有吸力，否则 PCV 阀堵塞。

（6）将 PCV 阀从通风软管上拔下，听到"咔哒"声，否则 PCV 阀损坏。

（7）目视检查通风软管、接头与垫片是否有裂纹、泄漏或损坏。

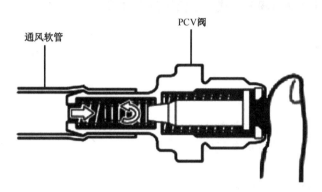

图 5-4-9　拇指按在 PCV 阀上

二、PCV 阀的检查

1. 将洁净软管安装到 PCV 阀（通风阀分总成）上

2. 检查 PCV 阀（通风阀分总成）的工作情况

（1）在通风箱侧吹入空气，如图 5-4-10 所示，检查并确认空气流通顺畅。

如果结果不符合规定，则更换 PCV 阀（通风阀分总成）。

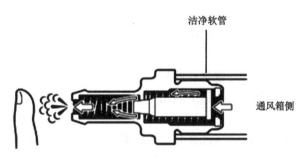

图 5-4-10　通风箱侧吹入空气

（2）在进气歧管侧吹入空气，如图 5-4-11 所示，检查并确认空气流通困难。

如果结果不符合规定，则更换 PCV 阀（通风阀分总成）。

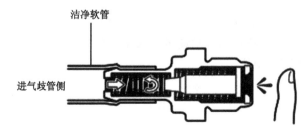

图 5-4-11　进气歧管侧吹入空气

注意

不要通过阀吸入空气，阀内的石油物质对人体有害。

3．从 PCV 阀（通风阀分总成）上拆下洁净软管

项目测评

一、填空题

1．汽油发动机主要排放污染物是＿＿＿＿＿＿、＿＿＿＿＿＿和＿＿＿＿＿＿。

2．三元催化转换器促使有害气体＿＿＿＿＿＿、＿＿＿＿＿＿和＿＿＿＿＿＿转化为无害气体＿＿＿＿＿＿、＿＿＿＿＿＿和＿＿＿＿＿＿。

3．三元催化转换器的工作温度在＿＿＿＿＿＿。

4．氧传感器的作用是＿＿＿＿＿＿＿＿＿＿＿＿＿＿＿＿。

5．二氧化锆式氧传感器的工作温度为＿＿＿＿＿＿，加热时间为＿＿＿＿＿＿。

6．燃油蒸发控制（EVAP）系统的作用是＿＿＿＿＿＿＿＿＿＿＿。

7．活性炭罐主要由＿＿＿＿＿＿＿＿＿组成。

8．活性炭罐电磁阀的作用是＿＿＿＿＿＿＿＿＿＿＿＿＿＿＿。

9．曲轴箱强制通风系统的作用是＿＿＿＿＿＿＿＿＿＿＿＿＿＿＿。

二、判断题

1．三元催化转换器蜂窝陶瓷一般由氧化铝制成，格栅越薄，净化能力越强。
　　　　　　　　　　　　　　　　　　　　　　　　　　　　　（　　）

2．卡罗拉轿车只有一个三元催化转换器。　　　　　　　　　　　（　　）

3．三元催化转换器的净化效率和空燃比密切相关，只有混合气在理论空燃比附近，才能达到最佳的净化效果。　　　　　　　　　　　　　　　　　　　（　　）

4．二氧化锆式氧传感器混合气过稀时，传感器内、外两侧的氧气浓度差较小，传感器输出电压几乎为零。　　　　　　　　　　　　　　　　　　　　　　（　　）

5．二氧化锆式氧传感器在理论空燃比附近输出电压发生突变。　（　　）

6．空燃比传感器的数据与空燃比大致成比例变化。　　　　　　（　　）

7．丰田卡罗拉轿车燃油蒸发控制系统主要由炭罐、净化 VSV、软管、油箱等组成。
　　　　　　　　　　　　　　　　　　　　　　　　　　　　　（　　）

8．丰田卡罗拉轿车的活性炭罐安装在发动机舱中。　　　　　　（　　）

9．丰田卡罗拉轿车的曲轴箱强制通风（PCV）系统主要由 PCV 阀、通风软管、2 号通风软管和机油分离器等组成。　　　　　　　　　　　　　　　　　（　　）

项目六 ||||

发动机冷却液温度异常故障诊断与排除

项目概述

　　一辆丰田卡罗拉轿车出现冷却液温度过高，发动机舱冒白烟的现象，于是打电话到 4S 店请求救援。

项目目标

1. 能进行接车谈话，能现场直观检查并接车，能接受客户委托，签订维修合同。
2. 能正确对发动机冷却液温度异常的故障进行诊断。
3. 能正确记录、分析各种检测结果并确定故障原因和故障部位。
4. 能分析发动机冷却液温度异常的故障原因。
5. 能查阅维修手册，制订计划。
6. 会进行工作质量检查。
7. 会进行结算，并交付客户。

项目任务

任务 1　检修冷却液温度传感器
任务 2　检修冷却风扇控制电路
任务 3　拓展——检修进气温度传感器

任务1　检修冷却液温度传感器

任务目标 ||||

1. 能叙述冷却液温度传感器的功用和安装位置。
2. 能确认冷却液温度传感器的故障现象。
3. 会识读冷却液温度传感器的电路图。
4. 能进行冷却液温度传感器的检测。
5. 会更换冷却液温度传感器。

任务引入 ||||

一辆丰田卡罗拉轿车，配置 1ZR-FE 发动机，出现冷却液温度异常的故障。维修技师通过检查，读取到冷却液温度传感器的故障代码，现需要制订冷却液温度传感器故障检修的作业计划，并实施作业排除故障。

资料准备 ||||

1. 丰田卡罗拉轿车。
2. 丰田卡罗拉轿车维修手册。
3. 汽车智能故障诊断仪。
4. 万用表。
5. 汽车维修常用工具。

相关知识 ||||

一、冷却液温度传感器作用

发动机冷却液温度传感器用于监视发动机冷却液温度，输送给 ECM，控制冷却风扇、发动机怠速、修正喷油量和点火时间。

二、冷却液温度传感器安装位置

丰田卡罗拉轿车冷却液温度传感器安装在气缸盖出水管路上，如图 6-1-1 所示。

大众发动机冷却液温度传感器 G62 安装在发动机冷却液分流管上，如图 6-1-2 所示，它将冷却液温度信息发送给发动机控制单元。

大众发动机散热器出口冷却液温感

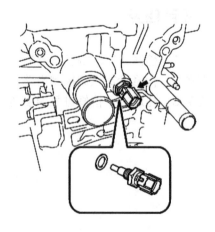

图 6-1-1　卡罗拉轿车冷却液温度传感器安装位置

器 G83 安装在散热器下方的管路上，如图 6-1-3 所示，它测量散热器出口的冷却液温度。

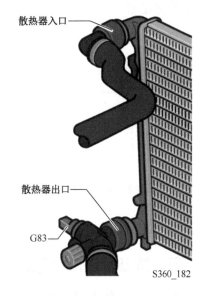

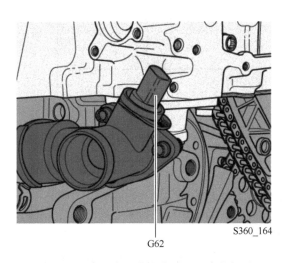

图 6-1-2　冷却液温度传感器 G62 安装位置　　　图 6-1-3　散热器出口的冷却液温度传感器 G83

三、冷却液温度传感器结构

发动机冷却液温度传感器由一个负温度系数的热敏电阻组成，外壳为金属，如图 6-1-4 所示。发动机冷却液温度传感器的电阻随着冷却液温度的变化而变化：冷却液温度低时，热敏电阻的电阻增大；温度高时，热敏电阻的电阻减小，如图 6-1-5 所示。

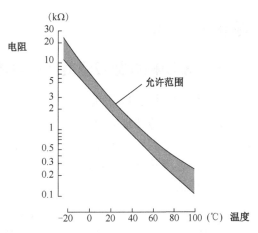

图 6-1-4　发动机冷却液温度传感器外观　　　图 6-1-5　冷却液温度传感器的特性曲线

四、冷却液温度传感器工作原理

ECM 内部的 5V 电源电压经由 ECM 内部的电阻器 R，通过 ECM 端子 THW 施加到冷却液温度传感器上，电阻器 R 和冷却液温度传感器形成串联电路，如图 6-1-6 所示。

当冷却液温度传感器的电阻值随冷却液温度的升高而降低时，端子 THW 上的电压也随之降低。ECM 监视 THW 的电压，并用该值来计算发动机冷却液温度。如果传感器输出电压偏离正常工作范围，则 ECM 将此视为发动机冷却液温度传感器电路故障并存储DTC。

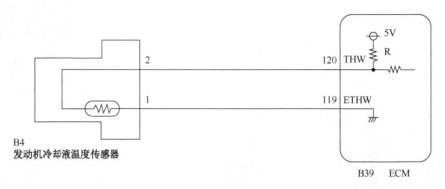

图 6-1-6　丰田卡罗拉 1ZR-FE 发动机冷却液温度传感器控制电路

五、冷却液温度传感器失效保护

丰田卡罗拉轿车出现 P0115 发动机冷却液温度电路、P0117 发动机冷却液温度电路低输入 或 P0118 发动机冷却液温度电路高输入的故障时，ECM 进入失效保护模式。失效保护模式下，ECM 估算发动机冷却液温度为 80℃。失效保护模式持续运行，直至检测到通过条件。

大众速腾冷却液温度传感器失效保护：冷却液温度传感器 G62 失效后，发动机控制单元就使用冷却液温度传感器 G83 的信号来代替；散热器出水口温度传感器 G83 失效后，用冷却液温度传感器 G62 信号代替，冷却风扇会以 1 挡一直工作。

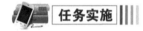 任务实施

一、发动机冷却液温度传感器的故障排除

1．检测发动机冷却液温度传感器电阻

拆下发动机冷却液温度传感器，将其置于盛水的烧杯中加热，使用万用表电阻挡，检测发动机冷却液温度传感器的电阻，检测数据记录在表 6-1-1 中。其阻值随温度升高而降低，冷却液温度传感器的特性曲线如图 6-1-5 所示，如果阻值偏离允许范围，则更换冷却液温度传感器。

表 6-1-1　检测冷却液温度传感器的电阻

温　　度	20℃	40℃	60℃	80℃	100℃
阻　　值					

2．检测发动机冷却液温度传感器连接器电压

断开发动机冷却液温度传感器连接器，将点火开关置于 ON 位置，检测冷却液温度传感器线束连接器，如图 6-1-7 所示，正常应有 5V 电压。若异常，则可能线束或 ECM 故障。

3．检测发动机冷却液温度传感器信号电压

断开发动机冷却液温度传感器连接器，使用测试线将连接器和传感器串联起来。将点火开关置于 ON 位置，检测传感器的电压，冷却液温度越高电压越小，检测数据记录在表 6-1-2 中。

图 6-1-7　冷却液温度传感器连接器

表 6-1-2　检测冷却液温度传感器信号电压

温　　度	20℃	40℃	60℃	80℃	100℃
电　　压					

4．检测发动机冷却液温度传感器至 ECM 之间线束和连接器

断开发动机冷却液温度传感器连接器，断开 ECM 连接器，检测冷却液温度传感器与 ECM 之间线束的电阻并记录于表 6-1-3 中。

表 6-1-3　检测冷却液温度传感器与 ECM 之间线束的电阻

检测仪连接	标准值	测量值	维修意见
THW（B4-2）—THW（B39-120）	小于 1Ω		□正常　□不正常
E2（B4-1）—ETHW（B39-119）	小于 1Ω		□正常　□不正常
THW（B4-2）或 THW（B39-120）—车身搭铁	10kΩ 或更大		□正常　□不正常

二、丰田卡罗拉轿车冷却液温度传感器的故障排除步骤

（1）步骤一：使用智能检测仪读取冷却液温度传感器数据流。

① 将智能检测仪连接到 DLC3 上。

② 将点火开关置于 ON 位置。

③ 打开智能检测仪。

④ 读取冷却液温度传感器的数据流，见表 6-1-4。

标准值：发动机暖机时在 75～100℃。

表 6-1-4　读取冷却液温度传感器数据流

诊断仪显示的温度	故　　障	转　　至
−40℃	断路	转至步骤二
140℃或更高	短路	转至步骤四
75℃和 100℃	间歇性故障或正常	检查间歇性故障

（2）步骤二：检查线束是否断路。

① 拔下发动机冷却液温度传感器连接器。

② 使用短接线连接发动机冷却液温度传感器线束侧连接器的端子 1 和 2，如图 6-1-8

所示。

③ 将智能检测仪连接到 DLC3 上。

④ 将点火开关置于 ON 位置。

⑤ 打开智能检测仪。

⑥ 再次读取冷却液温度传感器的数据流。

标准值：140℃。

正常——更换发动机冷却液温度传感器。

异常——转至步骤三。

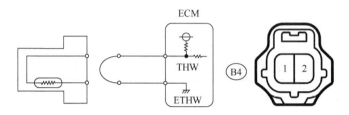

图 6-1-8　短接冷却液温度传感器连接器的端子 1 和 2

（3）步骤三：检查线束和连接器（发动机冷却液温度传感器—ECM）。

① 断开发动机冷却液温度传感器连接器。

② 断开 ECM 连接器，如图 6-1-9 所示。

③ 按表 6-1-5 所示检测冷却液温度传感器与 ECM 之间线束的电阻并记录。

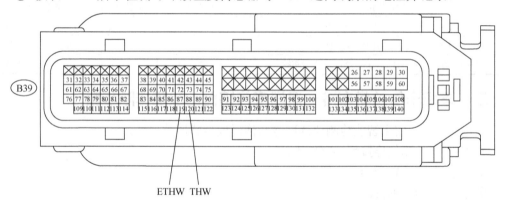

图 6-1-9　ECM 连接器

表 6-1-5　检测发动机冷却液温度传感器与 ECM 之间线束的电阻

检测仪连接	标准值	测量值	维修意见
THW（B4-2）—THW（B39-120）	小于 1Ω		□正常　□不正常
E2（B4-1）—ETHW（B39-119）	小于 1Ω		□正常　□不正常

正常——更换 ECM。

异常——维修或更换线束或连接器。

（4）步骤四：检查线束是否短路。

① 断开发动机冷却液温度传感器连接器，如图 6-1-10 所示。

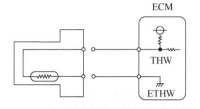

② 将智能检测仪连接到 DLC3 上。

③ 将点火开关置于 ON 位置。

④ 打开智能检测仪。

⑤ 再次读取冷却液温度传感器的数据流。

标准值：-40℃。

正常——更换冷却液温度传感器。

异常——转至步骤五。

图 6-1-10　断开冷却液温度传感器连接器

（5）步骤五：检查线束和连接器（发动机冷却液温度传感器—ECM）。

① 断开发动机冷却液温度传感器连接器。

② 断开 ECM 连接器，如图 6-1-7 所示。

③ 按表 6-1-6 所示检测冷却液温度传感器与 ECM 之间线束的电阻并记录。

表 6-1-6　检测发动机冷却液温度传感器与 ECM 之间线束的电阻

检测仪连接	标准值	测量值	维修意见
THW（B4-2）或 THW（B39-120）—车身搭铁	10kΩ 或更大		□正常　□不正常

正常——更换 ECM。

异常——维修或更换线束或连接器。

任务 2　检修冷却风扇控制电路

 任务目标

1．能叙述冷却风扇的功用。

2．能确认冷却风扇的故障现象。

3．会识读冷却风扇控制电路。

4．能进行冷却风扇控制电路的检测。

5．会更换冷却风扇。

 任务引入

　　一辆丰田卡罗拉轿车，配置 1ZR-FE 发动机，出现冷却风扇不运转的故障。维修技师通过检查，检测到冷却风扇控制电路故障，现需要制订冷却风扇控制电路故障检修的作业计划，并实施作业排除故障。

 资料准备

1．丰田卡罗拉轿车。

2．丰田卡罗拉轿车维修手册。

3．汽车智能故障诊断仪。

4．万用表。

5．汽车维修常用工具。

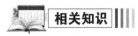相关知识

一、冷却风扇作用

冷却风扇的作用是对散热器、冷凝器、涡轮增压的中冷器等进行散热。

二、冷却风扇安装位置

冷却风扇安装在散热器后方，如图 6-2-1 所示。

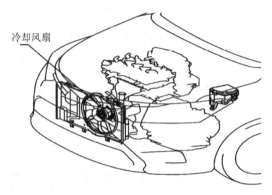

图 6-2-1　冷却风扇安装位置

三、冷却风扇控制形式

① 继电器控制式：ECM 控制相应的继电器闭合，以两种速度（低和高）控制冷却风扇的运行，如图 6-2-2 所示。

② 占空比控制式：冷却风扇 ECU 根据来自 ECM 的占空比信号，控制冷却风扇转速。

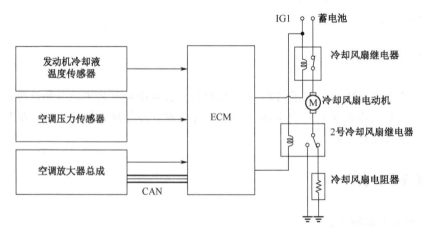

图 6-2-2　继电器控制式冷却风扇

四、冷却风扇控制原理

ECM 根据发动机冷却液温度、空调开关情况、制冷剂压力、发动机转速和车速，计算出适当的冷却风扇转速，并将信号发送至冷却风扇 ECU，以调节冷却风扇。冷却风扇ECU 根据来自 ECM 的占空比信号来控制冷却风扇转速，如图 6-2-3 所示。

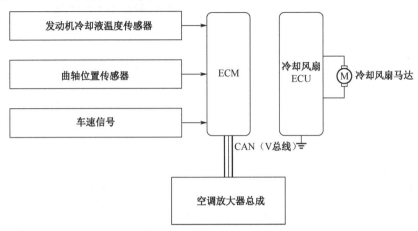

图 6-2-3　丰田卡罗拉轿车冷却风扇控制原理

ECM 根据工作状态进行控制，通过冷却风扇 ECU 优化控制风扇转速，获得出色的制冷性能且无噪声。如图 6-2-4 所示，ECM 从以下各种情况中选择最快的风扇转速，以确定所需风扇转速。

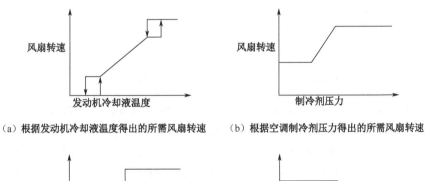

（a）根据发动机冷却液温度得出的所需风扇转速　　（b）根据空调制冷剂压力得出的所需风扇转速

（c）根据发动机转速得出的所需风扇转速　　（d）根据车速得出的所需风扇转速

图 6-2-4　冷却风扇 ECU 优化控制风扇转速

五、冷却风扇电路分析

1. 丰田卡罗拉 1ZR-FE 发动机冷却风扇电路（图 6-2-5）

（1）冷却风扇供电电源电路

① 当点火开关置于 ON 位置时，认证 ECU（智能钥匙 ECU 总成）E49 连接器的 6 号端

子提供 12V 电源→仪表板接线盒总成 3D 连接器的 24 号端子→1 号 IG1 继电器线圈→仪表板接线盒总成 3C 连接器的 9 号端子→搭铁，1 号 IG1 继电器的线圈产生磁场，使其触点闭合。

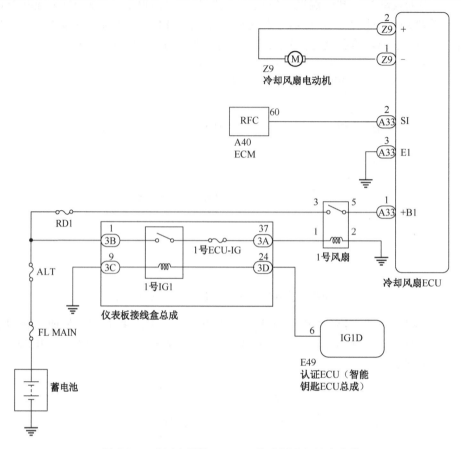

图 6-2-5　丰田卡罗拉 1ZR-FE 发动机冷却风扇电路

②　蓄电池正极→FL MAIN 保险丝→ALT 保险丝→仪表板接线盒总成 3B 连接器的 1 号端子→1 号 IG1 继电器触点→1 号 ECU-IG 保险丝→仪表板接线盒总成 3A 连接器的 37 号端子→1 号风扇继电器线圈→搭铁，1 号风扇继电器的线圈产生磁场，使其触点闭合。

③　蓄电池正极→FL MAIN 保险丝→ALT 保险丝→RDI 保险丝→1 号风扇继电器触点→冷却风扇 ECU A33 连接器的 1 号端子→冷却风扇 ECU 内部电路→冷却风扇 ECU A33 连接器的 3 号端子→搭铁，冷却风扇 ECU 进入工作状态。

（2）冷却风扇信号电路

ECM 根据各传感器信号，计算出适当的冷却风扇转速后，向冷却风扇 ECU 发送占空比信号。

ECM A40 连接器的 60 号端子→冷却风扇 ECU A33 连接器的 2 号端子→冷却风扇 ECU 内部电路。

（3）冷却风扇工作电路

冷却风扇 ECU 内部电路→冷却风扇 ECU Z9 连接器的 2 号端子→冷却风扇→冷却风扇 ECU Z9 连接器的 1 号端子→冷却风扇 ECU 内部搭铁。

2. 丰田威驰 4NR-FE 发动机冷却风扇电路（图 6-2-6）

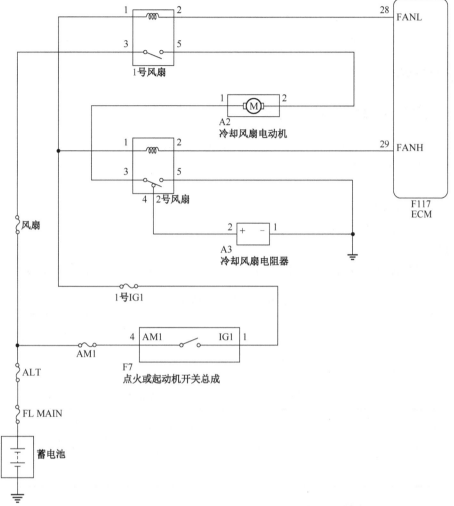

图 6-2-6　丰田威驰 4NR-FE 发动机冷却风扇电路

（1）冷却风扇低速挡

① 冷却风扇低速运转控制电路。

蓄电池正极→FL MAIN 保险丝→ALT 保险丝→AM1 保险丝→点火开关 F7 连接器 4 号端子→点开开关 IG1 挡→点火开关 F7 连接器 1 号端子→1 号 IG1 保险丝→1 号风扇继电器线圈→ECM F117 连接器 28 号端子→ECM 内部搭铁。

② 冷却风扇低速运转工作电路。

蓄电池正极→FL MAIN 保险丝→ALT 保险丝→风扇保险丝→1 号风扇继电器触点→冷却风扇→2 号风扇继电器常闭触点 3-4→冷却风扇电阻器→搭铁。

（2）冷却风扇高速挡

① 冷却风扇高速运转控制电路。

蓄电池正极→FL MAIN 保险丝→ALT 保险丝→AM1 保险丝→点火开关 F7 连接器 4 号端子→点开开关 IG1 挡→点火开关 F7 连接器 1 号端子→1 号 IG1 保险丝→2 号风扇继电器

线圈→ECM F117 连接器 29 号端子→ECM 内部搭铁。

② 冷却风扇高速运转工作电路。

蓄电池正极→FL MAIN 保险丝→ALT 保险丝→风扇保险丝→1 号风扇继电器触点→冷却风扇→2 号风扇继电器常开触点 3-5→搭铁。

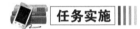 任务实施

一、冷却风扇系统就车检查

（1）步骤一：使用智能检测仪进行主动测试（控制电动冷却风扇）。

① 将智能检测仪连接到 DLC3 上。

② 将点火开关置于 ON 位置。

③ 打开智能检测仪。

④ 进入以下菜单：Powertrain / Engine and ECT / Active Test / Control the Electric Cooling Fan。

⑤ 使用智能检测仪操作风扇时，检查其工作情况，见表 6-2-1 和表 6-2-2。

表 6-2-1　冷却风扇的动作测试

检测仪操作	标准值	测量值	维修意见
打开	冷却风扇工作		□正常　□不正常
关闭	冷却风扇停止		□正常　□不正常

表 6-2-2　冷却风扇动作测试结果

结　果	转　至
正常	检测间歇性故障
冷却风扇不工作	步骤二
冷却风扇不停止	步骤十一

（2）步骤二：检查冷却风扇。

① 断开冷却风扇连接器，如图 6-2-7 所示。

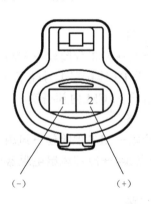

图 6-2-7　冷却风扇连接器

② 蓄电池连接到冷却风扇连接器上，检查并确认冷却风扇运转平稳。

③ 测量冷却风扇工作时的电流，并记录在表 6-2-3 中。

表 6-2-3　检测冷却风扇工作时的电流

型　　号	规定状态	测量值	维修意见
160 W 型	11.2～15.2 A		□正常　□不正常
120 W 型	7.4～10.9 A		□正常　□不正常

正常——转至步骤三。

异常——更换冷却风扇。

（3）步骤三：检查线束和连接器（电源电路）。

① 断开冷却风扇 ECU 连接器 A33，如图 6-2-8 所示。

② 将点火开关置于 ON 位置。

③ 按表 6-2-4 所示检测冷却风扇 ECU 连接器+B1 端子与 E1 搭铁端子之间的电压并记录。

④ 重新连接冷却风扇 ECU 连接器 A33。

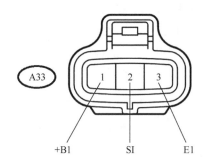

图 6-2-8　冷却风扇 ECU 连接器

表 6-2-4　检测冷却风扇 ECU 连接器+B1 与 E1 搭铁端子之间的电压

检测仪连接	标准值	测量值	维修意见
+B1（A33-1）—E1（A33-3）	11～14 V		□正常　□不正常

正常——转至步骤四。

异常——转至步骤五。

（4）步骤四：检查线束和连接器（ECM—冷却风扇 ECU）。

① 断开 ECM 连接器 A40，如图 6-2-9 所示。

② 断开冷却风扇 ECU 连接器 A33，如图 6-2-8 所示。

③ 按表 6-2-5 所示检测线路的电阻并记录。

④ 重新连接冷却风扇 ECU 连接器 A33。

⑤ 重新连接 ECM 连接器 A40。

表 6-2-5　检测 ECM 与冷却风扇 ECU 之间线束的电阻

检测仪连接	标准值	测量值	维修意见
RFC（A40-60）或 SI（A33-2）—车身接地	10 kΩ 或更大		□正常　□不正常

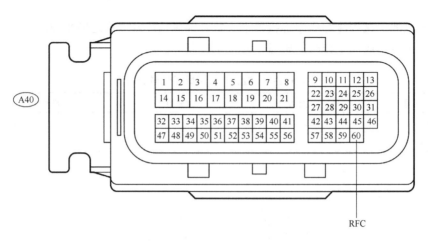

图 6-2-9　ECM 连接器 A40

正常——转至下一个可疑部位。

异常——修理或更换线束或连接器。

（5）步骤五：检查线束和连接器（冷却风扇 ECU—车身接地）。

① 断开冷却风扇 ECU 连接器 A33，如图 6-2-8 所示。

② 按表 6-2-6 所示检测线路的电阻并记录。

③ 重新连接冷却风扇 ECU 连接器 A33。

表 6-2-6　检测冷却风扇 ECU 的 E1 与车身接地之间的电阻

检测仪连接	标准值	测量值	维修意见
E1（A33-3）—车身接地	小于 1Ω		□正常　□不正常

正常——转至步骤六。

异常——修理或更换线束或连接器。

（6）步骤六：检查 1 号风扇继电器。

按表 6-2-7 所示检测继电器的电阻并记录。

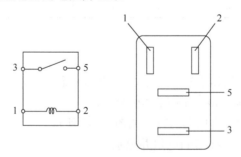

图 6-2-10　继电器端子

表 6-2-7　检测 1 号风扇继电器

检测仪连接	条　　件	标准值	测量值	维修意见
3—5	未在端子 1 和 2 之间施加蓄电池电压	10 kΩ 或更大		□正常　□不正常
3—5	在端子 1 和 2 之间施加蓄电池电压	小于 1 Ω		□正常　□不正常

正常——转至步骤七。

异常——更换 1 号风扇继电器。

（7）步骤七：检查发动机室继电器盒和接线盒总成（1 号风扇继电器）。

① 从发动机室继电器盒和接线盒总成上拆下 1 号风扇继电器，如图 6-2-11 所示。

② 按表 6-2-8 所示检测 1 号风扇继电器座 3 号端子的电压并记录。

③ 重新安装 1 号风扇继电器。

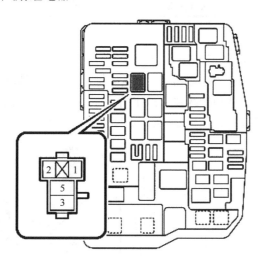

图 6-2-11　1 号风扇继电器安装位置

表 6-2-8　检测 1 号风扇继电器座 3 号端子的电压

检测仪连接	标准值	测量值	维修意见
1 号风扇继电器座（3 号端子）—车身接地	11～14 V		□正常　□不正常

正常——转至步骤八。

异常——修理或更换线束或连接器。

（8）步骤八：检查线束和连接器（冷却风扇 ECU—1 号风扇继电器）。

① 断开冷却风扇 ECU 连接器 A33。

② 从发动机室继电器盒和接线盒总成上拆下 1 号风扇继电器。

③ 按表 6-2-9 所示检测冷却风扇 ECU 与 1 号风扇继电器之间线束的电阻并记录。

④ 重新安装 1 号风扇继电器。

⑤ 重新连接冷却风扇 ECU 连接器 A33。

表 6-2-9　检测冷却风扇 ECU 与 1 号风扇继电器线束的电阻

检测仪连接	标准值	测量值	维修意见
+B1（A33-1）—1 号风扇继电器座（5 号端子）	小于 1 Ω		□正常　□不正常
+B1（A33-1）或 1 号风扇继电器座（5 号端子）—车身接地	10 kΩ 或更大		□正常　□不正常

正常——转至步骤九。

异常——修理或更换线束或连接器。

（9）步骤九：检查线束和连接器（1 号风扇继电器—车身接地）。

① 从发动机室继电器盒和接线盒总成上拆下 1 号风扇继电器。

② 按表 6-2-10 所示检测线路的电阻并记录。

③ 重新安装 1 号风扇继电器。

表 6-2-10　检测 1 号风扇继电器与车身接地之间线束的电阻

检测仪连接	标准值	测量值	维修意见
1 号风扇继电器座（2 号端子）—车身接地	小于 1Ω		□正常　□不正常

正常——转至步骤十。

异常——修理或更换线束或连接器。

（10）步骤十：检查线束和连接器（1 号风扇继电器—仪表板接线盒总成）。

① 从发动机室继电器盒和接线盒总成上拆下 1 号风扇继电器。

② 断开仪表板接线盒总成连接器 3A，如图 6-2-12 所示。

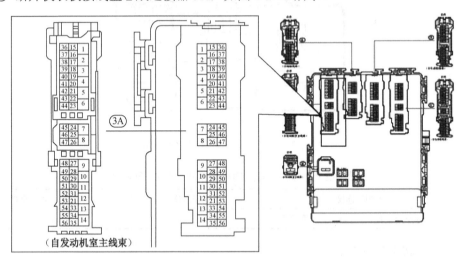

图 6-2-12　仪表板接线盒总成连接器 3A

③ 按表 6-2-11 所示检测线路的电阻并记录。

④ 重新连接仪表板接线盒总成连接器 3A。

⑤ 重新安装 1 号风扇继电器。

表 6-2-11　检测风扇继电器与仪表板接线盒线束的电阻

检测仪连接	标准值	测量值	维修意见
1 号风扇继电器座（1 号端子）—3A-37	小于 1Ω		□正常　□不正常
1 号风扇继电器座（1 号端子）或 3A-37—车身接地	10 kΩ 或更大		□正常　□不正常

正常——维修或更换线束或连接器（电源电路）。

异常——修理或更换线束或连接器。

（11）步骤十一：检查线束和连接器（ECM—冷却风扇 ECU）。

① 断开 ECM 连接器 A40。

② 断开冷却风扇 ECU 连接器 A33。

③ 按表6-2-12所示检测线路的电阻并记录。

④ 重新连接冷却风扇 ECU 连接器 A33。

⑤ 重新连接 ECM 连接器 A40。

表 6-2-12　检测 ECM 与冷却风扇 ECU 之间线束的电阻

检测仪连接	标准值	测量值	维修意见
RFC（A40-60）—SI（A33-2）	小于 1Ω		□正常　□不正常

正常——转至步骤十二。

异常——修理或更换线束或连接器。

（12）步骤十二：检查线束和连接器（冷却风扇—车身接地）。

① 断开冷却风扇连接器 Z9。

② 按表6-2-13所示检测线路的电阻并记录。

③ 重新连接冷却风扇连接器 Z9。

表 6-2-13　检测冷却风扇与车身接地之间线束的电阻

检测仪连接	标准值	测量值	维修意见
（Z9-1）一车身接地	10 kΩ 或更大		□正常　□不正常

正常——更换冷却风扇 ECU。

异常——更换冷却风扇。

任务3　拓展——检修进气温度传感器

任务目标

1. 能叙述进气温度传感器的功用和安装位置。

2. 能确认进气温度传感器的故障现象。

3. 会识读进气温度传感器的电路图。

4. 能进行进气温度传感器的检测。

5. 会更换进气温度传感器。

任务引入

　　一辆丰田卡罗拉轿车，配置 1ZR-FE 发动机，出现进气温度异常的故障。维修技师通过检查，读取到进气温度传感器的故障代码，现需要制订进气温度传感器故障检修的作业计划，并实施作业排除故障。

资料准备

1. 丰田卡罗拉轿车。

2．丰田卡罗拉轿车维修手册。

3．汽车智能故障诊断仪。

4．万用表。

5．汽车维修常用工具。

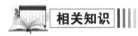 相关知识

一、进气温度传感器作用

进气温度传感器（Intake Air Temperature Sensor）是用来检测进气温度，输送给 ECM 作为汽油喷射和点火正时的修正信号。

二、进气温度传感器安装位置

① 丰田威驰 2SZ-FE 发动机的进气温度传感器安装在空气滤清器盖上，如图 6-3-1 所示。

图 6-3-1　威驰轿车进气温度传感器安装位置

② 丰田卡罗拉 1ZR-FE 发动机的进气温度传感器安装在空气流量传感器内，如图 6-3-2 所示。

进气温度传感器

图 6-3-2　卡罗拉轿车进气温度传感器安装位置

③ 大众速腾 CFBA 发动机的进气温度传感器安装在进气压力传感器内，如图 6-3-3 所示。

进气温度传感器2 G299　　　进气温度传感器1 G42

图 6-3-3　速腾轿车进气温度传感器安装位置

三、进气温度传感器结构

进气温度传感器由一个负温度系数的热敏电阻组成。进气温度传感器的电阻随着进气温度的变化而变化：进气温度低时，热敏电阻的电阻增大；温度高时，热敏电阻的电阻减小，如图 6-3-4 所示。

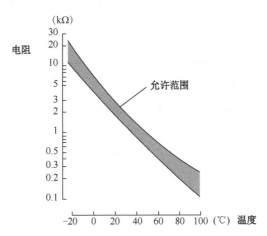

图 6-3-4　进气温度传感器的特性曲线

四、进气温度传感器工作原理

ECM 内部的 5V 电源电压经由 ECM 内部的电阻器 R，通过 ECM 端子 THA 施加到进气温度传感器上，电阻器 R 和进气温度传感器形成串联电路，如图 6-3-5 所示。

当进气温度传感器的电阻值随进气温度的升高而降低时，端子 THA 上的电压也随之降低。ECM 监视 THA 的电压，并用该值来计算进气温度。如果传感器输出电压偏离正常工作范围，则 ECM 将此视为进气温度传感器电路故障并存储 DTC。

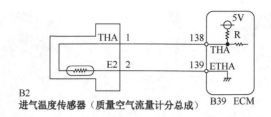

图 6-3-5　卡罗拉 1ZR-FE 发动机进气温度传感器控制电路

五、进气温度传感器失效保护

丰田卡罗拉轿车出现进气温度电路低输入、进气温度电路高输入的故障时，ECM 进入失效保护模式。失效保护模式下，ECM 估算进气温度为 20℃。失效保护模式持续运行，直至检测到通过条件。

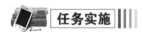

一、进气温度传感器的故障排除

1．检测进气温度传感器电阻

拆下进气温度传感器，使用吹风机对进气温度传感器进行加热，并检测进气温度传感器的电阻，检测数据记录在表 6-3-1 中。其阻值随温度升高而降低，进气温度传感器的特性曲线如图 6-3-4 所示，如果阻值偏离允许范围，则更换进气温度传感器。

表 6-3-1　检测进气温度传感器的电阻

温　　度	20℃	30℃	40℃	50℃	60℃
阻　　值					

2．检测进气温度传感器连接器电压

断开进气温度传感器连接器，将点火开关置于 ON 位置，检测进气温度传感器线束连接器，如图 6-3-6 所示，正常应有 5V 电压。若异常，则可能线束或 ECM 故障。

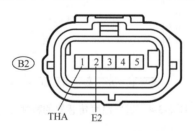

图 6-3-6　进气温度传感器连接器

3．检测进气温度传感器信号电压

断开进气温度传感器连接器，使用测试线将连接器和传感器串联起来。将点火开关置

于 ON 位置，检测传感器的电压，进气温度越高电压越小，检测数据记录在表 6-3-2 中。

表 6-3-2　检测进气温度传感器信号电压

温　　度	20℃	30℃	40℃	50℃	60℃
电　　压					

4．检测进气温度传感器至 ECM 之间线束和连接器

断开进气温度传感器连接器，断开 ECM 连接器，检测进气温度传感器与 ECM 之间线束的电阻并记录于表 6-3-3 中。

表 6-3-3　检测进气温度传感器与 ECM 之间线束的电阻

检测仪连接	标准值	测量值	维修意见
THA（B2-1）—THA（B39-138）	小于 1Ω		□正常 □不正常
E2（B2-2）—ETHA（B39-139）	小于 1Ω		□正常 □不正常
THA（B2-1）或 THA（B39-138）—车身搭铁	10kΩ 或更大		□正常 □不正常

二、丰田卡罗拉轿车进气温度传感器的故障排除步骤

（1）步骤一：使用智能检测仪读取进气温度传感器数据流。

① 将智能检测仪连接到 DLC3 上。

② 将点火开关置于 ON 位置。

③ 打开智能检测仪。

④ 进入以下菜单：Powertrain / Engine and ECT / Data List / All Data / Intake Air，读取进气温度传感器的数据流，见表 6-3-4。

表 6-3-4　读取进气温度传感器数据流

诊断仪显示的温度	故　　障	转　　至
-40℃	断路	转至步骤二
140℃ 或更高	短路	转至步骤四
与实际进气温度相同	间歇性故障或正常	检查间歇性故障

（2）步骤二：检查线束是否断路。

① 断开质量空气流量计总成连接器。

② 使用短接线连接空气流量计线束侧连接器的端子 1（THA）和 2（E2），如图 6-3-7 所示。

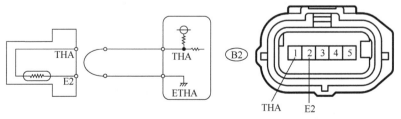

图 6-3-7　短接空气流量计连接器的端子 1 和 2

③ 将智能检测仪连接到 DLC3 上。

④ 将点火开关置于 ON 位置。

⑤ 打开智能检测仪。

⑥ 再次读取进气温度传感器的数据流。

标准值：140℃

正常——更换空气流量计。

异常——转至步骤三。

（3）步骤三：检查线束和连接器（进气温度传感器—ECM）。

① 断开质量空气流量计连接器。

② 断开 ECM 连接器，如图 6-3-8 所示。

③ 按表 6-3-5 所示检测进气温度传感器与 ECM 之间线束的电阻并记录。

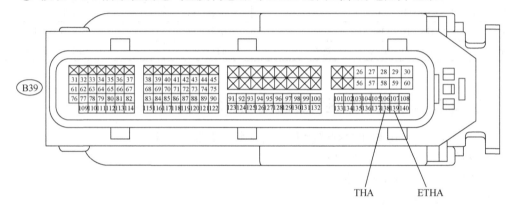

图 6-3-8　ECM 连接器

表 6-3-5　检测进气温度传感器与 ECM 之间线束的电阻

检测仪连接	标准值	测量值	维修意见
THA（B2-1）—THA（B39-138）	小于 1Ω		□正常　□不正常
E2（B2-2）—ETHA（B39-139）	小于 1Ω		□正常　□不正常

正常——更换 ECM。

异常——维修或更换线束或连接器。

（4）步骤四：检查线束是否短路。

① 断开质量空气流量计连接器，如图 6-3-9 所示。

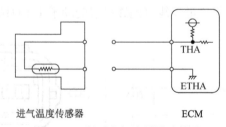

进气温度传感器　　　　ECM

图 6-3-9　断开空气流量计连接器

② 将智能检测仪连接到 DLC3 上。

③ 将点火开关置于 ON 位置。

④ 打开智能检测仪。

⑤ 进入以下菜单：Powertrain / Engine and ECT / Data List / All Data / Intake Air，再次读取进气温度传感器的数据流。

标准值：-40℃。

正常——更换质量空气流量计。

异常——转至步骤五。

（5）步骤五：检查线束和连接器（进气温度传感器—ECM）。

① 断开质量空气流量计连接器。

② 断开 ECM 连接器，如图 6-3-8 所示。

③ 按表 6-3-6 所示检测进气温度传感器与 ECM 之间线束的电阻并记录。

表 6-3-6 检测进气温度传感器与 ECM 之间线束的电阻

检测仪连接	标准值	测量值	维修意见
THA（B2-1）或 THA（B39-138）一车身搭铁	10kΩ 或更大		□正常 □不正常

正常——更换 ECM。

异常——维修或更换线束或连接器。

🖨 项目测评

一、填空题

1. 发动机冷却液温度传感器的作用是＿＿＿＿＿＿＿＿＿＿＿＿＿＿＿＿＿＿＿＿＿＿。

2. 卡罗拉轿车冷却液温度传感器安装在＿＿＿＿＿＿＿＿＿＿＿＿＿＿＿＿＿＿＿＿＿。

3. 冷却液温度传感器失效后，ECM 的估算温度为＿＿＿＿＿＿＿＿＿＿＿＿＿＿＿＿。

4. 大众速腾散热器出水口温度失效后，冷却风扇会＿＿＿＿＿＿＿＿＿＿＿＿＿＿＿＿。

二、选择题

1. 冷却液温度传感器失效后，一般采用（　　）替代。

　　A. 固定的冷却液温度值　　　　　　　B. 进气温度信号

　　C. 空气流量传感器信号　　　　　　　D. 氧传感器信号

2. 在（　　）工况下，ECM 需要根据冷却液温度传感器的信号进行喷油修正。

　　A. 冷启动　　　　　　　　　　　　　B. 怠速

　　C. 中小负荷　　　　　　　　　　　　D. 全负荷

3. 负温度系数的热敏电阻，其电阻值随温度的升高而（　　）。

　　A. 升高　　　　　　　　　　　　　　B. 不受影响

　　C. 先高后低　　　　　　　　　　　　D. 降低

4. 冷却液温度传感器损坏后，技术员甲说会导致发动机怠速不稳定；技术员乙说会导致发动机油耗偏大。谁正确？（　　）

　　A. 甲正确　　　　　　　　　　　　　B. 乙正确

C．甲乙均正确　　　　　　　　　D．甲乙均不正确

三、判断题

1．发动机在启动后，将随着冷却液温度的逐渐升高而减少喷油脉宽。　　　（　　　）

2．使用故障诊断仪读取到冷却液温度为140℃时，说明冷却液温度传感器工作电路断路。　　　（　　　）

3．卡罗拉轿车是通过占空比信号控制冷却风扇转速的。　　　（　　　）

4．卡罗拉轿车发动机冷却液温度越高，冷却风扇转速越高。　　　（　　　）

5．卡罗拉轿车车速越高，冷却风扇转速越高。　　　（　　　）